法治建设与法学理论研究部级科研项目成果

司法理性的实践
改造审判日本战犯研究

武航宇　王昆仑◎著

知识产权出版社
全国百佳图书出版单位
—北京—

图书在版编目（CIP）数据

司法理性的实践：改造审判日本战犯研究 / 武航宇，王昆仑著．—北京：知识产权出版社，2020.5

ISBN 978-7-5130-6743-0

Ⅰ.①司… Ⅱ.①武… ②王… Ⅲ.①侵华—战犯—改造—研究—日本 ②侵华—战犯—审判—研究—日本 Ⅳ.①D926.7②K265.704

中国版本图书馆 CIP 数据核字（2019）第 293738 号

责任编辑：唱学静　　**责任校对**：潘凤越

封面设计：韩建文　　**责任印制**：孙婷婷

司法理性的实践：改造审判日本战犯研究

武航宇　王昆仑　著

出版发行：知识产权出版社有限责任公司	**网　　址**：http：//www.ipph.cn
社　　址：北京市海淀区气象路 50 号院	**邮　　编**：100081
责编电话：010-82000860 转 8112	**责编邮箱**：ruixue604@163.com
发行电话：010-82000860 转 8101/8102	**发行传真**：010-82000893/82005070/82000270
印　　刷：北京建宏印刷有限公司	**经　　销**：各大网上书店、新华书店及相关专业书店
开　　本：720mm×1000mm　1/16	**印　　张**：8
版　　次：2020 年 5 月第 1 版	**印　　次**：2020 年 5 月第 1 次印刷
字　　数：130 千字	**定　　价**：48.00 元

ISBN 978-7-5130-6743-0

前　言

在沈阳市皇姑区黑龙江街77号，有一座融合中西建筑风格的斜檐闷顶式二层小楼，这就是中华人民共和国最高人民法院审判日本战犯特别军事法庭旧址，现在改建成“沈阳审判日本战犯法庭旧址陈列馆”，成为中国人民赢回自己胜利和尊严的历史见证。

1950年7月，中华人民共和国政府接收了苏方移交的969名日本战犯，加上抗日战争时期我方逮捕的93名日本战犯，当时一共在押1062名日本战犯。鉴于当时的种种原因，中华人民共和国政府选择先对这批日本战犯进行改造，之后再进行审判。

对于中华人民共和国改造、审判日本战犯的这段历史，一直有学者和新闻工作者关注，并且产出了一定数量的科研成果与新闻报道。从内容来看，一部分文章是对改造日本战犯的记录和研究，一部分文章是对审判工作的记录和研究，很少有将改造和审判日本战犯结合而进行的研究。从研究的角度来看，大部分的研究成果是对改造和审判日本战犯事实的记录，缺少在司法理性层面对改造和审判日本战犯的研究。

中华人民共和国在押的日本战犯，大部分集中在抚顺战犯管理所进行改造，之后大部分在沈阳特别军事法庭进行审判，因为地域的原因，激起了我对这个问题研究的兴趣，所以就这个研究领域我申请了司法部“国家与法学理论研究项目”，并很幸运地获批。在阅读了大量相关史料和研究文献之后，我愈发体会到中华人民共和国对日本战犯改造、审判的重要意义，这一审判改造既是司法理性的实践，也是处理战争犯罪的典型案例。

中华人民共和国最高人民法院特别军事法庭对日本战犯审判成功的前提

是成功地改造了日本战犯，因此，将改造日本战犯与审判日本战犯两者结合在一起进行研究，使研究不局限于庭审现场、审判相关的文书，而是拓展到整个司法的过程，涵盖接收战犯、改造战犯、审判战犯，这有助于诠释司法理性的内涵，有助于系统研究司法理性的实践，也有助于梳理我国司法审判的核心精神和理性内核。当然，对日本在侵略我国期间所犯下的罪行进行事实记录，不仅能够起到警示世界、警示未来的作用，也有助于中、日两国共同维护世界和平与正义良知，从而促进共同发展和时代进步。

武航宇完成本书12万字的写作任务，王昆仑完成3万字的写作任务。

武航宇
2019年12月

目　录

引 言

日本侵华期间，对中国军民实施的骇人听闻的反人道暴行罄竹难书，其侵略政策、掠夺规模、残害手段对我国的社会、经济、政治、文化以及百姓人身造成了巨大的伤害。中华人民共和国成立后，中国政府本着人道主义原则，成功地对遗留在国内的日本战犯进行了改造，为其后良好审判效果的实现奠定了重要的基础。中华人民共和国特别军事法庭按照国际法准则对日本战犯进行的审判，为司法理性的探究积累了重要的实践经验。

日本侵华是蓄谋已久的侵略战争，给中国人民造成了深重的灾难，对其罪恶行径的证据收集是正义审判的基础。中华人民共和国改造日本战犯的工作人员以人道主义原则为指导，成功地完成了战犯的改造工作。在审判过程中，中华人民共和国特别军事法庭参照纽伦堡国际法庭和东京国际法庭的审判程序和审判依据，对日本战犯进行了正义的审判，在证据收集、庭审人员构成、裁判依据、庭审程序等各方面均体现了司法的理性，为国际人道法的制定奠定了基础，也在制度层面对反人道行为进行了约束。

中华人民共和国对日本战犯审判是对日本侵华期间反人道罪行的事实记录，能够起到警示世界、警示未来的作用。中华人民共和国特别军事法庭对日本战犯的宽大量刑，既是中国传统悲悯仁恤思想与人本思想的践行，也是传统“恕道”和“赦”思想的现代转换，更也是人道主义原则的体现；从政治角度来看，是着眼于地区局势，追求世界和平。

总的来说，中华人民共和国对日本战犯审判是对侵华日军暴行和罪行极其理性、文明，并着眼于人类社会真正和平的一种回应，为司法文明的传承与发展做出了巨大的贡献。

第一章

日本侵华过程中的反人道罪行

“人道”本指人伦道德，是一个属于伦理范畴的词汇，在第二次世界大战期间，日本法西斯对中国实施了骇人听闻的暴行，其手段和行为都是反人道的。第二次世界大战后，经过纽伦堡审判、东京审判及其后的审判，将“人道”发展为全人类应共同遵循的伦理，对反人道的罪行予以彻底清算。

我国著名国际法学家、东京审判中国方面大法官梅汝璈说：“不必讳言，六十年来日本帝国主义者对我国人民所欠下的血债确实是算不清的。他们在中国所犯的罪行是数不胜数、书不胜书的。日本帝国主义者的长期侵略，使中国人民的生命财产遭受着极其惨重的损失。远的且不谈，只就1937年日本发动全面侵华战争起到1945年日本投降止，在这八年之中，我国人民所遭受的生命损失、财产损失价值是难以数计的。1937年冬南京沦陷后六个星期里，经远东国际军事法庭认为证据确凿，有案可稽的被屠杀的中国人民就在二十万人以上，全部都是手无寸铁的平民，其中大多数是老年人、妇女和儿童。对日本战争罪犯们的这些骇人听闻的暴行，中国人提起来是没有不切齿痛恨的。”①

日本侵华是蓄谋已久、分步骤、大规模的行动。日本一桥大学著名教授藤原彰讲道：“日本在第二次世界大战中进行的战争犯罪活动，其深刻的、

① 王战平：《正义的审判》，人民法院出版社1991年版，第756页。

最大规模的部分，都是以中国为舞台而展开的。”① 首先，日本政府支持清逊帝溥仪在东北建立“伪满洲国”，其目的是扶植其作为傀儡政权，其后委派人员充任伪满洲国各主要部门官员，操纵或者参与操纵伪满洲国傀儡政府，积极地执行日本政府侵略中国的政策，支持日本政府发动侵略战争。在受审的45名战犯中，按照其级别和职位不同，对我国实施了不同的侵害。有的操纵、僭夺我国的国家主权，制定政策、法令掠夺我国东北乃至全国的物资财富，策划、决定镇压、奴役、毒化我国东北人民；有的直接镇压、屠杀、奴役我国人民；有的直接抓捕、残杀我国无辜平民；等等。这些行为都严重违反国际法准则和人道主义原则，给中国人民带来了深重灾难。

第一节　大肆经济掠夺

明治维新之后的日本，开始发展资本主义经济，除了人的因素之外，资源有限是限制其发展的巨大障碍，因此日本政府开始把目光投向中国，利用中国当时的政治局势，逐步在各地扶植亲日势力，在中国各主要经济发达区域设立商社，进行经济方面的刺探与控制，其目的是攫取中国的经济财富。日本在侵华期间，以制定政策、法令等方式，对我国国家和百姓的财富大肆掠夺，给我国经济造成了摧毁性的打击。

一、制定经济侵略的政策和法令

日本政府对我国进行经济掠夺的步骤非常明确，首先安插武部六藏、古海忠之等人到伪满洲国政府各个部门任职。作为伪满洲国国务院总务长官的武部六藏将分布在各个部门任次长的日本人纠集在一起，组成“火曜会”，作为日本侵略者的决策机构。武部六藏、古海忠之等人组成的这一机构操纵伪满洲国法令、政策的制定，以行政的强制手段掠夺我国东北地区的物资，搜刮百姓财物，抢占百姓土地。

① 袁秋白、杨瑰珍编译：《罪恶的自供状：新中国对日本战犯的历史审判》，中国人民解放军出版社2001年版，代序言（二）。

日本侵略者对中国的掠夺有长期的规划，使用强制手段推行“第一次‘满洲’产业开发五年计划”“第二次‘满洲’产业开发五年计划”，策划并公布“日‘满’华经济建设连系要纲”，其目的是加紧对东北物资的掠夺。当太平洋战争爆发后，为了给日军提供更多战时经济支持，武部六藏又主持策划、推行“战时紧急经济方策要纲”，扩大对我国东北地区的经济掠夺。

为了控制东北丰富的矿产资源开发，为日本侵略行动做好军事及物资储备，武部六藏主持策划、决定和推行“矿业统制法”“重要产业统制法”“物品贩卖统制法”“事业统制组合法”“价格等临时措置法”等法令，并且成立各种“事业统制组合”，全面控制并霸占我国东北的工矿企业和丰富的煤、铁、铜、石油等各种重要工业及军事物资，同时通过调控物价和货币政策，攫取人民财富，全面降低人民的生活水平。

为了发展军事工业，扩大侵略武器的制造，武部六藏等人制定推行“金属类回收法”，强迫百姓献铜、献铁，并且强制征收日用金属制品 110 余种，百姓日常所用的门环、铜匙、铁火盆等用具，甚至承德“离宫”铜殿等历史文物也被日本侵略者掠去，制造侵略所用的军事武器。

二、推行“粮谷出荷”政策暴力夺粮

（一）以强力手段掠夺粮食

强力推行“粮谷出荷”政策，掠夺我国东北地区的粮食。武部六藏先后主持策划、决定和推行“农产物交易场法”“粮谷管理法”“特产物专管法”“农产物管理法”等罪恶法令，并且主持决定修改和推行“米谷管理法”，大肆掠夺我国东北百姓的粮食。太平洋战争爆发后，武部六藏又主持策划、决定和推行“战时农产物增产搜荷对策大纲”，更加疯狂地掠夺粮食。并且在会议上公开煽动各地主管官员：“当大东亚战争紧急之时，诸君对粮谷出荷工作，要加倍努力，如有阻碍，须把它压过去。”主张用强暴手段掠夺粮食。因此伪满洲国各地警察、行政官吏组成“出荷督励班”“游动检索班”和“检问所”，一到收获季节就侵入乡村，挨户搜查，并且以拷打、抓捕、囚禁等残暴手段强迫农民交粮，有些地区甚至连种子都被搜光。三宅秀也任伪奉天省警务厅厅长期间，命令所属警察以违反所谓经济法令为借口，大肆抓捕、刑讯我国和平居民并送交伪司法机关。仅据三宅秀也所属伪辽阳县警务科留置场（看守所）警长刘玉瑶的证明，1944 年 7 月至 1945 年 8 月，在辽阳一县即抓捕我国和平居民 2000 余人。岐部与平任伪安东省省长期间，命令所属行政官吏和警察组成“出荷督励班”，在安图、汪清、密山、珲春、和龙、虎林等十余县强迫农民交纳粮食，并且用挨户搜查、封闭碾磨和毒打、抓捕、囚禁等残暴手段进行掠夺，致使许多农民的生活陷于极端困难的境地，还有的因无力交纳粮食而被打伤致死或者被迫自杀。仅 1942 年岐部与平领导属下在延吉、和龙、汪清等五县即掠夺我国农民的粮食达 62897 吨。今吉均任伪龙江省警务厅厅长期间，领导所属各县警务科组成“出荷督励班”，协同伪行政官吏，挨村逐户搜查粮食，并且以毒打、抓捕、囚禁等残暴手段，大量掠夺我国农民的粮食。

（二）禁止居民间交换粮食

如果居民之间有交换粮食的，即被拘捕以“经济犯”论罪。1942 年 11 月 6 日至 12 月 18 日，柏叶勇一任伪抚顺市警务处长、警察局长期间，仅月余时间就以违反经济统制法令的名义，抓捕我国和平居民李清玉、李俊杰等 68 人送交抚顺伪司法机关。仅在 1943 年，我国东北居民被加以“经济犯”罪名而遭到酷刑、囚禁、罚款的案件，就有 67000 余起。我国东北人民由于遭受经济上的残暴掠夺和榨取，生活陷于极端悲惨的境地。许多居民被迫以草根、树皮和野菜充饥。有的家庭因无粮食饥饿而死，有的不堪冻饿全家自杀。

三、建立“开拓团”侵占中国土地

建立武装“开拓团”，侵占农民土地。武部六藏任伪满洲国国务院总务长官期间，继续推行“第一次开拓五年计划”，并主持策划、决定和推行“第二次开拓五年计划”，继续由日本向我国东北地区移入“开拓民”，建立武装“开拓团”。所谓开拓团，是在划定的“开拓区”内，日伪宪兵、警察以武力将原住的居民赶走，把土地交给移入的“开拓民”耕种，“开拓团”制度致我国东北农民流离失所，生活陷于极悲惨的境地。伪满洲国各地均推行“开拓团”制度，中井久二任伪黑河省省次长期间，在伪黑河省领导推行

“第一次开拓五年计划”，大批驱逐当地农民，强占土地，建立日本武装“开拓团”，仅在孙吴、瑷珲两县即驱逐农民3000余人，强占土地6000余公顷。岐部与平在任伪安东省省次长、省长和伪间岛省省长期间，积极推行“开拓”政策，在延吉、安图、密山等县驱逐当地居民，移入大批日本武装“开拓民”。根据日本关东宪兵队司令部档案伪满《康德十年度第一回省长、省次长会议书类缀》的记载，仅在伪间岛省安图一县即强占农民耕地和山林12万余公顷。1940年春季和1941年春季，仅在密山县九洲屯、朝阳屯，即驱逐农民160余户，并强占其土地房屋。

四、鸦片专卖毒害中国百姓

推行鸦片专卖政策，毒害我国人民。武部六藏任伪满洲国国务院总务长官期间，继续推行鸦片专卖政策，强迫我国东北地区农民栽种罂粟，大量推销鸦片等毒品，毒害我国人民，榨取我国人民的财富。1942年8月，武部六藏曾派总务厅参事官山崎诚等到日本参加由兴亚院主持的“支那鸦片需给会议”和企划院主持的“关于确立大东亚鸦片制度的恳谈会”。从1943年开始，武部六藏又策划实行了鸦片增产计划，扩大种植罂粟面积，泛滥烟毒，戕害我国人民的身心健康，妄图削弱我国人民的反抗意志。伪满洲国各省均推行毒化政策，岐部与平在任伪安东省省长期间，推行毒化政策，领导所属在各县、市、村增设官营管烟所，大量散发吸食鸦片许可证，推销鸦片等毒品，残害我国东北人民身心健康，搜刮我国人民财富。古海忠之任伪总务厅次长之后，参与策划、推行鸦片增产计划，扩大罂粟种植面积，并且亲自去上海、南京大量推销鸦片等毒品，毒害我国人民。

第二节　强征劳工奴役百姓

日本侵略者在东北地区强征和抓捕普通百姓从事奴隶性的劳动，为日本帝国主义生产军需物资、修筑军事工程、看守铁路桥梁以及从事其他军事性的劳役。被强迫从事劳役的我国人民，惨遭各种残酷虐待，生活条件非常恶劣，经常住在潮湿的席棚、地窖里，身披草包、麻袋，以豆饼、草根充饥，因而引起大批百姓身患疾病或死亡。

一、制定强征劳工的法令和政策

武部六藏、古海忠之等日军高层领导人操纵伪满洲国政府制定并推行了奴役我国东北人民的劳务政策。1938 年制定并实行“劳动统制法”；1941 年制定并实行“劳务新体制确立要纲”；1942 年制定并实行“国民勤劳奉公法”，其主要内容是：强征我国东北地区 18 岁至 50 岁的男子充当劳工，将我国东北地区的青年编入“国民勤劳奉公队”，学校的学生也被强迫参加劳役，甚至连初等学校的儿童也难幸免。1943 年制定并实行镇压、奴役我国东北人民的“保安矫正法”，强征和抓捕我国东北人民从事奴隶性劳动。甚至从 1941 年起，还领导推行了“国兵法”，驱使我国东北地区青年参加侵略战争。

二、各地强征劳工从事奴隶性劳动

伪满洲国要求各地伪属机构推行奴役中国百姓的政策，强迫我国百姓从事繁重劳役，在劳作过程中管理手段残忍，致相当规模的劳工被虐待而死。

（一）以“矫正辅导院”为幌子奴役我国东北百姓

以建立“矫正辅导院”为借口，囚禁、奴役我国东北百姓。中井久二任伪司法部司法矫正总局局长期间，先后在哈尔滨、沈阳、本溪、鞍山、抚顺、鹤岗、齐齐哈尔等地，建立了 14 处“矫正辅导院”，大批囚禁、奴役我国东北人民。强迫被囚禁的我国人民从事各种苛重劳役，使得许多人被虐待致死和惨遭杀害。仅伪奉天市大西警察署，在 1944 年 8 月至 1945 年 8 月期间，即在旅店、街道、市场抓捕我国和平居民 600 余人，全部押送密山做苦工。在鹤岗“矫正辅导院”即经常囚禁我国人民 1000 余人，在 1945 年 3 月，被虐待致死的即有 80 余人。三宅秀也任伪北安省、奉天省警务厅厅长期间，强征我国东北人民充当劳工，并且命令所属警察大肆抓捕我国和平居民，押送“矫正辅导院”、工厂、矿山和军事工地，强迫从事奴隶性劳动。

（二）强征平民从事军事性劳役

驱逐和平居民，强征和平居民从事军事性劳役。野崎茂作任伪哈东五县帽儿山治安肃正办事处处长期间，指使所属部队的人员协同当地警察、自卫团在珠河、双城、阿城、滨县、五常五县的接壤地区，实施“治安肃正”，大批驱逐和平居民，制造无人区，并且大量强征我国和平居民，强迫从事建筑军用道路等苛重劳役。铃木启久命令所属部队在河北省迁安至滦县、遵化至丰润和唐山以南地区，修筑长达290余公里的封锁壕和很多炮楼，破坏了大量耕地，先后强征和平居民从事军事性劳役达600余万工日，在劳役中有很多人被虐待致死，仅据铃木启久自供即有约300人。上坂胜以旅团长的身份，命令所属部队抓捕我国和平居民在山东省历城县龙洞庄、佛峪、马蹄峪等地修筑军事工事，并随意加以虐待和杀害。历城县第五区孟家村居民李盛、李腹子两人在被迫从事劳役中被炸药炸死，孟家村附近被抓的居民8人被枪逼迫进入快要坍塌的山洞内做工惨遭砸死。另外，由于经常殴打和不给饱食，虐待致死的居民有45人。1944年12月至1945年3月，佐佐真之助以师团长的身份命令所属部队在湖北省当阳、钟祥、荆门、襄阳、樊城等地强征我国和平居民从事军事性劳役达20000余工日，并且进行残酷的虐待，仅在钟祥、荆门强征的和平居民200余人中，因苛重劳役和饥饿被虐待致死的就有60余人。1945年5月至6月，藤田茂以师团长的身份指挥命令所属部队，在参加“秀岭一号作战”中，烧毁、破坏民房18000余间，抢夺粮食500余吨、牲畜1600余头，强迫我国大批和平居民从事军事性劳役。

（三）强征我国平民从事苛重劳役

同时，日本侵略者还大量强征我国东北百姓送往工厂、矿山，强迫从事苛重劳役。1941年7月至1945年8月，中井久二任伪司法部参事官、司法矫正总局局长期间，领导伪满洲国的130处监狱，大批囚禁我国东北人民，强迫从事苛重劳役，并且加以各种残酷虐待，造成大批死亡，仅在1942年4月至1943年3月的1年内，哈尔滨道里监狱即死亡400余人。

1941年11月至1944年1月，上坂胜所属部队在河北省保定、清苑、束鹿等地进行“警备”时，抓捕和平居民任殿方、曹进海等4人到东北做苦工以致冻饿而死。

第三节　大规模屠杀百姓

日本侵略者在侵华期间，在我国东北地区多次实施“治安肃正”，大肆抓捕、囚禁和屠杀我国普通百姓，奸污妇女、烧毁民房，制造了“鲁家峪惨案”“小渠惨案”“潘家戴庄惨案”等难以计数的大规模惨案。同时，日本侵略者抓捕我国数百万的普通和平百姓，并且以极端反人道的方式处死、刑讯、虐待等，使数以百万计的人死亡、残疾。并且在热河地区制造无人区，毁灭和平村镇，驱逐和平居民，仅1943年春季至秋季，即在热河地区驱逐我国和平居民18万户，建立了3000余个“集团部落”。

一、屠杀百姓制造“惨案”

为了加强对其所侵略地区的实际控制，日本侵略者各部队打着推行“治安强化运动”等旗号，屠杀所侵占地区的百姓，制造了无数的惨案。其中铃木启久策划、制造的惨案最多，他任伪满洲国唐山地区防卫司令官期间，命令所属部队对冀东地区反复地进行残酷“扫荡”，在遵化县鲁家峪乡、刘备寨村、东新庄村、马家峪村和滦县潘家戴庄等地制造了多起骇人听闻的大屠杀惨案。

1937年9月11日，小林喜一以日军察哈尔派遣兵团配属宪兵长身份率领部下随日军侵入山西省阳高县城。9月12日率领部下协同日军长谷川部队，在阳高县城抓捕我国和平居民刘富平、杨纪方、孙连魁等278人，将其中刘富平、孙连魁、阎文玉、王禄等134人分别在眼光庙、关帝庙、奶奶庙、南金道集体屠杀。

“三·一五”惨案发生在1938年3月15日，汤原日本宪兵分队长兼汤原地区警务统制委员会委员长藤原广之进，指挥命令所属宪兵，在伪警察的协助下，破坏了中国共产党北满临时省委、吉东省委所属汤原、依兰县委和抗日救国组织，抓捕中国共产党汤原县委书记高雨春和抗日救国人员侯国柱、刘顺、陈兴周等204人。经酷刑拷问后，被送交伪哈尔滨高等法院处死的有高雨春等7人，判刑囚禁的有侯国柱等61人，造成了“三·一五”惨案。1938年5月28日至7月8日，继“三·一五”惨案之后，藤原广之进又命令部下先后在勃利、汤原等地抓捕中国共产党下江特委工作人员赵明九、霍占山等13人，送交哈尔滨伪司法机关，其中赵明九、霍占山等4人被囚禁折磨，惨死狱中。

“上段惨案”发生在1939年4月，藤田茂以联队长的身份，指挥命令所属部队在山西省安邑县上段村把我国和平居民贾养玉、段彩桂、贾路娃等100余人用刺刀刺死或推入井内淹死，连吃奶的婴儿段巧娃也惨遭杀害，陈满成、董冯庚等6户全家被杀绝，并且杀害被俘人员12人。同时烧毁民房100余间。

“鲁家峪惨案”发生在1942年4月，铃木启久指挥命令所属部队参加“丰润大讨伐”，其所属第一联队在河北省遵化县鲁家峪乡，用刀砍、火烧、施放毒气等残暴手段屠杀我国和平居民刘俭、李有余、李三章、于长万等220余人。其中，刘清池遭毒打后又被纵火烧死，钱连发的两个儿媳妇、一个孙子和一个孙女被毒气毒死，他的18岁的女儿中毒逃出后又被轮奸致死，于长合的妻子李氏拒绝奸污被剖腹挖出胎儿，刘清隆的妻子何氏被强奸后又被纵火烧死。同时烧毁民房1900余间。

“北疃惨案”发生在1942年5月，上坂胜以联队长的身份，指挥命令所属部队参加对我国冀中抗日根据地的进攻，其所属第一大队在河北省定县南疃、北疃等村，以施放毒气、火烧、刀砍等残酷手段，杀害我国和平居民王庆东、王文德、李素梅等800余人，仅北疃一村全家被杀绝的居民即有王洛根、李文拴等23户，还强奸妇女35人，抓走青壮年李洛转、李洛交等62人，将其中李洛永、李洛补等7人在路上刺死。同时烧毁民房36间。

“潘家戴庄惨案”发生在1942年10月，铃木启久命令所属第一联队和骑兵队在河北省滦县潘家戴庄进行了血腥的集体屠杀，用棍打、刀刺、活埋、火烧等野蛮手段残杀我国和平居民戴国礼、马文焕、齐盘成、戴福增等1280余人。其中，周树恩的妻子高氏等孕妇63人也遭残杀，很多孕妇被踢出胎儿，戴前昌的孙子、周树珍的女儿等19个幼儿也从母亲怀抱中被夺去摔死。同时烧毁民房1000余间。

“小渠惨案”发生在1944年10月，铃木启久以代理第一一七师团师团长的身份，命令所属第八七旅团独立步兵第二〇四大队在河南省溶县东方地区进行“讨伐”，该大队在河南省长垣县小渠村，用刀砍、火烧和推入井内淹死等恶毒手段杀害我国和平居民刘俊英、刘景昂、史新岭、唐金声等660余人。

二、“扫荡”村庄残杀百姓

日本侵略者由于兵力等各方面的限制，对中国的广大农村地区无法进行长期的兵力驻守，所以为了实现对这些地区的有效控制，日本侵略者经常性地到村庄进行“扫荡”，名义上是抓捕抗日救国人士，实际上随意残杀、以反人道的方式虐杀我国和平居民，抢夺百姓粮食，烧毁民房，给中国百姓造成了深重的灾难。

1. 铃木启久命令所属部队残杀平民、烧毁民房

1942年4月，铃木启久命令所属第一联队在遵化县进行“扫荡”，残杀刘备寨村和平居民任显章、白继武、郑广志等35人，其中郭振来被毒打后割去耳朵又被用镐头砸死，同时烧毁、破坏房屋330余间，抢夺牲畜120余头。同年10月，铃木启久所属第一联队根据其命令在遵化县进行“警备”时，在东新庄村用军犬咬、火烧、刀刺、施放毒气等残暴手段杀害我国抗日救国人士徐植与和平居民桂兴富、曹万贵、孟广春等40余人，同时烧毁房屋100余间，抢夺粮食70余吨。同年11月，铃木启久命令所属部队在遵化县马家峪村进行“扫荡”，其所属部队在该村杀害和平居民朱永翠、马玉如、徐兆明、王瑞堂等40余人。同年9月至12月，铃木启久又在遵化、迁安两县沿长城地区制造了广大的无人区，驱逐大批居民，致使他们流离失所，家破人亡，仅据查明，在被驱逐的和平居民中，就有刘厉瑞、张永生、白万合等172人惨遭冻饿而死，并且杀害和平居民王二柱、袁瑞山、刘庆森等230人，烧毁民房15700余间。

2. 长岛勤命令所属部队残杀平民、烧毁民房

1942年9月，长岛勤命令所属部队，在山东省莱芜县进行“扫荡”，9月11日和12日，在该县茶叶区刘白杨、要关等村，用枪杀、刀刺等残暴手

段杀害我国和平居民刘均清、刘庆贵、高来祥、张玉恒等 32 人，强奸妇女 25 人，同时烧毁民房 1050 余间，抢夺牲畜 390 余头。1943 年 4 月，长岛勤命令其下属部队进行“讨伐”时，又在上述刘白杨村残杀居民秦明诗、刘均锡二人，并且刑讯毒打居民 22 人，其中李作芹、穆乐英二人受重伤致残。1942 年 5 月至 1944 年 10 月，长岛勤命令所属部队在莱芜县茶叶区吉山乡、汶南区南梨沟村、羊庄村、雪野区岭东村、常庄区南文字村等地进行残酷的“扫荡”，先后杀死我国和平居民李荣福、韩庆年等 63 人。长岛勤所属部队在历次“扫荡”中将所到村庄的粮食抢夺一空，致使我国和平居民李奉保、李卓田等 60 余人死于饥饿，同时烧毁房屋 1800 余间，抢夺牲畜 1570 余头。1942 年 7 月至 1944 年 3 月，长岛勤命令所属部队在山东省莱芜县常庄区常庄村反复地进行残酷“扫荡”，杀害我国和平居民王秀纯、王在吉等 27 人，抢夺牲畜 1500 余头，烧毁房屋 1600 余间，烧毁粮食达 210 余吨。1942 年 12 月至 1943 年 7 月，长岛勤命令所属部队在山东省新泰县进行“警备”时，在该县雌山乡石棚村，将和平居民李佩玉、李善勋和李梓申三人用火烧、棒打、灌凉水等手段酷刑摧残致残，并且将李分和、李庆兆和李灿树 3 人刺死。

3. 藤田茂命令所属部队残杀平民、烧毁民房

1938 年 8 月至 1939 年 12 月，藤田茂以联队长的身份，命令所属部队，在山西省安邑、河津等县进行“讨伐”时，先后在安邑县张良村、石碑庄、裴郭村，河津县苍底村、武家堡等地杀害和平居民樊向兑、张性保、靳天安、刘灵娃等 6 人，抢掠粮食 30 余吨、牲畜 80 余头，烧毁、破坏民房 100 余间。1938 年 9 月，藤田茂以联队长的身份，指挥命令所属部队，在山西省稷山县城杀害我国和平居民黄兴海、杨林泉等 40 余人。同年 1 月，藤田茂以联队长的身份，指挥命令所属部队，在山西省安邑县三路里村，对躲避在窑洞内的我国和平居民 14 人进行机枪扫射和刺杀，杀死邵如意、邵克文、邵八其等 12 人，刺伤邵天喜、吕恒来 2 人。

1939 年 1 月至 1945 年 6 月，藤田茂以联队长、旅团长、师团长的身份，经常向部下军官训示要以活人做“靶”对士兵进行“试胆教练”。特别在他任师团长后，更反复地强调要以活人做“靶”进行刺杀教练。在他的这一罪

恶训示下，其所属部队于 1945 年 5 月至 6 月，先后在山东省蒙阴、沂水等县，杀害我国被俘人员及和平居民赵遵起等 100 余人。

1945 年 3 月，藤田茂指挥命令所属部队在湖北省光化县老河口地区的侵略作战中，先后杀害和平居民黄大章、杜涂氏、杜光荣等 50 余人，烧毁民房 29 间，抢夺粮食 50 余吨。1945 年 5 月至 6 月，在参加“秀岭一号作战”中，藤田茂指挥命令所属部队在山东省博山、益都、沂水、蒙阴、张夏、青岛、历城等地区，杀害和平居民杜在潮、公旭东、公丕涣、李盛等 600 余人，其中强迫探踏地雷炸死 60 余人。同时烧毁、破坏民房 18000 余间，抢夺粮食 500 余吨、牲畜 1600 余头，并且纵容部下强奸妇女 60 余人，其中胡夏氏被轮奸致死。藤田茂还命令其所属部队“将俘虏在战场上杀掉算入战果”，他所属的部队杀害我国被俘人员 80 余人。

4. 上坂胜命令所属部队残杀平民、烧毁民房

1941 年 11 月至 1944 年 1 月，上坂胜所属部队在河北省保定、清苑、束鹿等地进行“警备”时，曾经大肆烧杀抢夺。仅据查明，在清苑县的西孙庄、高庄村、张登村，束鹿县西花里庄等地，就以枪杀、刀砍、棒打、绞杀等残暴手段杀害我国和平居民刘清芬、王福海、樊沉止、周树德等 70 人。又在清苑县大白城乡、三间房乡烧毁民房 235 间，抢夺粮食 55 吨、棉花 10 吨。

5. 佐佐真之助命令所属部队残杀平民

1945 年 3 月，佐佐真之助指挥命令所属部队，在湖北省襄阳、樊城、南漳等地区进行侵略作战时，以极其凶暴的手段杀害和平居民潘玉山、赵顺烈等 90 余人。其中，在南漳县武安堰附近将妇女、儿童和老人 12 人残酷地绞死，在襄阳城附近王家营村把和平居民 18 人以铁丝穿连手心，在樊城上福音堂外用刺刀全部刺死，在襄樊市将我国和平居民 30 余人用铁丝拴缚推入河中，除胡兆祥、董长义等 5 人脱难外，周光早、胡天福、余老五等 20 余人均被淹死，并且纵容部下强奸妇女，甚至将妇女轮奸致死。

6. 船木健次郎命令所属部队残杀平民

1941 年 9 月，船木健次郎命令所属部队在河北省宛平县杜家庄强迫居民参加“运动会”，在“运动会”将要结束的时候，他们按照预定的计划突然施放毒气，使和平居民及学生薛长秀、王得海、王有权、赵云兰等 400 余人

中毒。

1942年12月，船木健次郎命令所属部队，在河北省宛平县王家山村把妇女、老人和儿童52人关在房子里放火焚烧，致使王文喜、王文邦、李有梅等42人惨遭烧死。1943年3月，船木健次郎命令所属部队，在河北省宛平县进行“警备”时，在该县王家山村北后山，用机枪扫射杀死我国和平居民王文才、王文金、贾文晓等6人。1941年4月至1943年6月，船木健次郎命令所属部队，在河北省宛平县和昌平县地区进行“警备”期间，先后杀害了和平居民李成儒、杜生福、赵有训、谭元和抗日救国志士刘永华。

7. 鹈野晋太郎率队残杀平民

1943年4月，鹈野晋太郎在湖北省宜昌县天宝山杀害和平居民余立德，打伤和平居民廖雨成。1944年4月至12月，鹈野晋太郎先后在当阳县亲自砍杀和平居民夏成保、陈国元、张启发等12人，其中仅在当阳县飞机场附近一次即砍杀和平居民9人。

三、制造无人区

1936年7月至1938年8月，鹿毛繁太在伪柳河县警务局任职期间，坚决执行“归屯并户”的罪恶计划，命令所属警察配合伪行政官吏在大青沟、石头河子、双栗子沟等地制造无人区，烧毁和破坏5000余户居民的房屋，驱逐居民，强迫其集中在“集团部落”内。以致居民失去土地、房屋，饥寒交迫，吃树皮、草根度日，因而患病的达4385人，其中有315人死亡。

1936年5月至10月，野崎茂作任伪哈东五县帽儿山治安肃正办事处处长期间，指使下属协同当地警察、自卫团在珠河、双城、阿城、滨县、五常五县的接壤地区，实施“治安肃正”，大批驱逐和平居民，制造无人区，在珠河县的蜜蜂村一带烧毁民房。

1940年5月至1943年7月，佐古龙祐任伪锦州铁道警护本队长期间，兼任西南地区防卫委员会委员，曾经参与策划和指挥所属承德、古北口等铁道警护队，协同日伪军队、警察、宪兵在我国热河省和河北省遵化、迁安、密云等地区实施“治安肃正”，残酷地镇压、屠杀我国人民，并且制造无人区，建立“集团部落”，烧毁、破坏民房，大量驱逐我国和平居民。

第四节　抓捕、残杀抗日人士和平民

日本侵略者对中国人民进行血腥镇压，武部六藏在任伪满洲国国务院总务长官期间，就曾先后主持策划、决定和推行“治安维持法”“思想矫正法”“保安矫正法”“时局特别刑法”等非人道的残酷法令。先在我国东北地区后扩展至全国范围内，只要有抗日思想的就当作罪犯加以逮捕、囚禁，致使东北人民被大批逮捕并遭酷刑拷问，很多人惨遭杀害或被长期囚禁。日伪军队、宪兵、警察、行政官吏、司法官吏等，为贯彻这些罪恶法令和措施，制造了许多血腥惨案，给东北人民带来了深重灾难。

1. 斋藤英夫下令抓捕、残杀抗日人士和平民

1935 年 9 月至 1936 年 3 月，斋藤英夫任日本关东宪兵队司令部部员、治安课长兼伪中央警务联络委员会委员和干事期间，曾经参加伪中央警务联络委员会会议和干事会会议，积极参与策划破坏中国共产党东北地方组织和其他抗日救国组织，抓捕、屠杀我国抗日救国人员及和平居民。自 1935 年 9 月至 1936 年 1 月，在他参加的伪中央警务联络委员会的策划和领导下，日伪宪兵、警察和特务在我国东北各地先后抓捕我国抗日救国人员及和平居民黄维新、张崇德、李桂勋、葛天民、萧伯孚等 8655 人，其中刘凯平等 578 人被惨杀，萧伯孚、张金声、娄少石、魏辅周、李光汗等许多人被刑讯致死，郝树棠、郝万山、李寿田、崔占棠、赵连成等 944 人被送交伪司法机关。

自 1936 年 4 月至 1937 年 2 月，在斋藤英夫参加的伪中央警务统制委员会的策划和领导下，日伪宪兵、警察和特务先后在我国东北各地抓捕我国抗日救国人员及和平居民乔鸣远、贺子祥、王甄海、刘大川、阎傅成、阎达生、刘延峰、卞子庄、黄润身等 38577 人，其中徐成、李宪章、尹喜、尹万福、王万生、王忠田、郑国栋、郑国良、徐真、郭喜等 4336 人被惨杀，乔鸣远、贺子祥、姜庚年、厉勉、张永、李保泉、果瑞勋、刘松山、王锦生、王裕祖等 10489 人被送交伪司法机关。

1937 年 4 月至 10 月，在斋藤英夫参加的伪中央警务统制委员会的策划

和领导下，日伪宪兵、警察和特务先后破坏了中国共产党哈尔滨特委、哈尔滨市委、奉天市委、哈东特委、下江特委、磐石中心县委和海伦、柳河等县委组织，抓捕中国共产党党员和当地居民崔光棣、桑桂如、宋恩来、张宗伟、翟清平、冯永治等482人，经刑讯后，将崔光棣、张立久、张佐汉、时鹏飞等341人送交伪司法机关，其中张立久、桑桂如、艾风林、冯永治、张佐汉等85人被处死。

1937年11月至1939年2月，斋藤英夫任“新京”日本宪兵队队长期间，领导所属宪兵在吉林省磐石、桦甸、怀德等地抓捕我国抗日救国人员及和平居民张殿荣、张金瑞、郭明德、王喜禄、杨兰廷等424人，并将其中张金瑞、郭明德、梁喜照、李万春等32人全部杀害。

1939年3月至1940年7月，斋藤英夫任日本关东宪兵队司令部警务部长期间，积极参与领导各地宪兵队推行“思想对策服务要纲”和“昭和十五年度关东宪兵队思想对策服务计划”，破坏我国抗日救国组织，仅1939年3月至1940年1月，即在我国东北各地抓捕我国抗日救国人员及和平居民刘万金、刘万银、常振邦、张贵林、郭文元等878人。

1940年8月至1942年6月，斋藤英夫任华南日本派遣宪兵队队长期间，指挥命令所属宪兵队在广东省广州市和南海、中山等县大肆抓捕、屠杀我国抗日救国人员及和平居民，仅在1940年9月，1941年10月、12月和1942年1月4个月中，即在广州市、中山县和南海县的九江镇、东一乡等地先后抓捕我国抗日救国人员及和平居民关逢泮、黎煊、黄岳、陈润等943人，并将关逢泮、黎煊、姚祖、卢光、叶珠等103人全部杀害。

2. 三宅秀也抓捕、残害抗日人士和平民

1943年4月至1944年6月，三宅秀也任伪北安省警务厅长兼地方保安局长期间，召开所属各县警务科长会议和特务股长会议，布置和命令所属警察、特务，以中国共产党北满省委和抗日联军第三路军活动地区的铁骊、绥化、庆城三县为重点，进行“治安肃正”，破坏我国抗日救国组织，镇压抗日活动，大肆抓捕、残害我国人民。仅自1943年4月至9月的6个月内，三宅秀也命令所属部队即抓捕我国抗日救国人员及和平居民1048人，并将其中436人送交伪司法机关。1945年5月，三宅秀也召开所属各市、县特务科长、特务股长会议，布置和命令所属特务、警察在沈阳、鞍山、本溪、辽阳、铁岭、盖平、营口等市、县破坏我国抗日救国组织，抓捕我国抗日救国人员及和平居民宋月英、郑淑芳、罗兴东、曲以高、李笑如等320余人，并以毒打、火烧、过电、压杠子、灌凉水等残暴手段进行拷问摧残。

3. 横山光彦审判处死、囚禁抗日人士和平民

1940年7月至1945年8月，横山光彦任伪齐齐哈尔、锦州、哈尔滨高等法院次长期间，残酷执行镇压我国东北人民的政策法令，大批杀害、囚禁我国抗日救国人员及和平居民。1941年6月至12月，横山光彦以伪齐齐哈尔高等法院次长身份亲任审判长，将在讷河地区被捕的我国抗日救国人员及和平居民迟万钧、宋文堂、马永强等41人全部判刑囚禁。1942年12月，横山光彦以伪齐齐哈尔高等法院次长身份亲任审判长，审判了在齐齐哈尔等地被捕的我国抗日救国人员王耀钧、史履陞等36人，将其中王耀钧、史履陞、周善恩3人处死，毛殿武等33人判刑囚禁。1943年2月，横山光彦亲任审判长，审判了在齐齐哈尔等地被捕的我国抗日救国人员及和平居民王文宣、伊作衡等44人，将其中王文宣、伊作衡处死，金佐治等42人判刑囚禁。1943年二三月间，横山光彦亲任审判长，审判了在扎赉特旗、泰来地区被捕的我国抗日救国人员及和平居民业世和、史万仓、黄志杰等14人，将其中业世和处死，史万仓等13人判刑囚禁。1943年5月至1944年5月，横山光彦任伪锦州高等法院次长期间，领导所属审判官参加“西南地区治安肃正”，组织巡回“特别治安庭”，配合日伪军队、宪兵、警察、特务等残害我国人民。仅1943年9月至11月，横山光彦领导所属审判官在热河省承德、平泉等地，即先后审判处死我国抗日救国人员王玉山、周臣、钟奎、霍长旺等21人。

4. 沟口嘉夫审判处死、囚禁抗日人士和平民

1945年六七月间，沟口嘉夫以伪哈尔滨高等法院次长身份，亲任审判长，审判了被俘的我国东北抗日联军第三路军指战员孙国栋、杜希刚等5人和被捕的抗日救国人员、和平居民张义、赵宝祥等24人，将其中孙国栋、杜希刚、赵文有等5人判处死刑（除孙国栋被绞杀外，杜希刚等5人因日本投降未被杀害），张义、赵宝祥等24人判刑囚禁。

1941 年 4 月至 1945 年 8 月，沟口嘉夫任伪哈尔滨地方检察厅和高等检察厅检察官期间，坚决执行了镇压我国东北人民的政策法令，残害我国抗日救国人员与和平居民。此外，沟口嘉夫于 1943 年 3 月至 6 月，以伪哈尔滨地方检察厅检察官身份亲自审讯了在“巴木东”惨案中被捕的我国抗日救国人员及和平居民 50 余人，并且提出判刑意见交由主任检察官向伪哈尔滨高等法院起诉。

5. 杉原一策审判处死、囚禁抗日人士和平民

1941 年 1 月至 1943 年 5 月，杉原一策任伪哈尔滨高等检察厅次长期间，残酷执行镇压我国东北人民的政策法令，领导所属检察官积极参加了“北满治安肃正”，亲自主持了“三肇”和“巴木东”惨案的审讯、起诉，致我国抗日救国人员及和平居民被大批残杀、囚禁。根据 1941 年 6 月伪哈尔滨高等检察厅档案由被告人署名的哈高检思秘第一八〇号《三肇地区治安肃正事件概要》的记载，1941 年 2 月至 3 月，杉原一策曾经率领真田、榻原等 5 名检察官赴肇州县组成“搜查本部”，并亲任部长，领导侦讯、起诉在“三肇”惨案中被抓捕的我国抗日救国人员及和平居民 175 人，其中被伪哈尔滨高等法院处死的有张子诚、周德荣、李明树、艾青山等 72 人，判刑囚禁的有李永富、张景波、王畔生等 103 人。

1941 年八九月间，杉原一策领导所属检察官，先后将我国东北抗日联军第十二支队长徐泽民和抗日救国人员王廷玉、孔宪科等 33 人起诉到伪哈尔滨高等法院，其中徐泽民、王廷玉、高凤文、郑显荣、崔海峰、李玉华、刘春喜 7 人被处死，孔宪科、王明义、周广文等 26 人被判刑囚禁。

1943 年 3 月至 5 月，杉原一策领导所属检察官审讯、起诉了在“巴木东”惨案中被抓捕的我国庆城（庆安）、铁骊等县的救国总会长赵永清、刘纯金和抗日救国人员以及和平居民 46 人，其中被伪哈尔滨高等法院处死的有赵永清、刘纯金、侯德贵等 8 人，判刑囚禁的有李正和、赵永江、段德山等 36 人。

6. 原弘志抓捕、杀害抗日人士和平民

1943 年 7 月至 1945 年 3 月，原弘志任伪锦州铁道警护本队长、铁路警护旅长兼任西南地区防卫委员会委员期间，曾经参与策划在热河省和河北省遵

化、迁安、密云等地区实施“治安肃正”，指挥或命令所属承德、古北口等铁道警护队协同日伪军队、警察、宪兵、特务破坏我国冀热边区承平宁（承德、平泉、宁城）、丰滦密（丰宁、滦平、密云）等联合县政府，大肆抓捕、杀害我国抗日救国人员与和平居民。仅在1943年九十月间，原弘志命令所属伪承德铁道警护队协同日伪军队、宪兵、警察在承德、兴隆、青龙、平泉等县即抓捕我国抗日救国人员及和平居民姜云会、杨廷芝、姜玉田、马明等1250人，其中霍长旺、姜云会、杨廷芝等524人被送交伪司法机关，仅据查明即有周臣、钟奎、霍长旺等20人被处死。

1943年7月至1945年3月，原弘志任伪锦州铁道警护本队长、铁路警护旅长期间，领导所属各铁道警护队、铁路警护团在锦州、山海关和兴城等地大肆抓捕、刑讯、残害我国人民。

1943年11月和1944年12月，原弘志命令所属伪锦州、山海关、承德、通辽等各铁道警护队实施了两次“查察周间”，以抓捕1个抗日人员记100分、抓捕1个“经济犯”记2分、搜集1件有关抗日情报记10分等记分奖励办法，鼓励部下开展搜集情报和抓捕我国人民的竞赛，大量抓捕我国人民。

1944年2月，原弘志命令所属伪承德铁道警护队在承德县的娘娘庙、郭杖子、榆树沟门等村抓捕我国抗日救国人员及和平居民郑国兴、张九和等50人，将郑国兴、刘广田、李和等14人送交承德伪司法机关判刑囚禁，其中郑国旺、张九和、王殿生等8人被虐待致死。

1944年5月，原弘志命令所属伪金岭寺铁路警护团在义县车站抓捕我国和平居民王振成、王玉山等80余人，经刑讯后，将王振成、王玉山等6人送交锦州伪司法机关。

1944年8月，原弘志命令所属伪锦州铁路警护团在锦州抓捕我国和平居民70余人，并且以酷刑拷问。

7. 今吉均抓捕、屠杀抗日人士和平民

1932年7月至1933年5月，今吉均任伪奉天省昌图县参事官时，命令所属警察队先后在昌图县金家屯、吴家窝堡等地抓捕我国抗日救国人员及和平居民田振东、朱小飞、田旺等20余人，并命令部下将田振东秘密杀害。1943年4月至1944年10月，今吉均任伪黑龙江省警务厅长兼地方保安局长期间，积极推行镇压我国人民的政策法令，领导所属警察特务抓捕、刑讯我国抗日救国人员及和平居民。仅1944年6月间，今吉均命令所属特务警察在讷河县河东屯、维新屯等地一次即抓捕我国和平居民40余人，其中王增福被刑讯致死。

8. 宇津木孟雄抓捕、屠杀抗日人士和平民

1935年9月至1936年3月，宇津木孟雄任日本关东宪兵队司令部部员兼伪中央警务联络委员会委员和干事期间，曾经参加伪中央警务联络委员会会议和干事会会议，积极参与策划破坏中国共产党东北地方组织和其他抗日救国组织，抓捕、屠杀我国抗日救国人员及和平居民。自1935年9月至1936年1月，在被告人参加的伪中央警务联络委员会的策划和领导下，日伪宪兵、警察和特务在我国东北各地先后抓捕我国抗日救国人员及和平居民黄维新、郝树棠、陈福春、李桂勋、赵承志等8655人，其中刘凯平等578人被惨杀，李铭勋、娄德墉等许多人被刑讯致死，郝万山、黄维新、牛光仆等944人被送交伪司法机关。

1936年4月至1937年1月，宇津木孟雄任日本关东宪兵队司令部第三课长兼伪中央警务统制委员会委员和干事期间，曾经参加伪中央警务统制委员会会议和该委员会的干事会会议，积极参与策划破坏中国共产党东北地方组织和其他抗日救国组织，大肆抓捕、屠杀我国抗日救国人员及和平居民。自1936年4月至1937年1月，在宇津木孟雄参加的伪中央警务统制委员会的策划和领导下，日伪宪兵、警察和特务先后在我国东北各地抓捕我国抗日救国人员及和平居民王甄海、乔鸣远、贺子祥、刘大川、张永、厉勉、崔士奎等33951人，其中徐成、徐真、李宪章、尹喜、尹万福、王万生、王忠田、郑国栋、郑国良等4060人被惨杀，乔鸣远、贺子祥、姜庚年、张永等9524人被送交伪司法机关。

9. 田井久二郎抓捕抗日人士和平民

1943年5月至8月，田井久二郎任伪热河省警务厅特务科附兼特高股长期间，参与组织警务厅直辖“侦搜队”，亲任队长，指挥所属特务警察实施“治安肃正”，大肆抓捕我国抗日救国人员及和平居民。仅据1943年8月伪热河省警务厅档案热警特秘第二九号《关于在喀喇沁右旗侦搜队的搜捕工

作情况之件》的记载，田井久二郎率领指挥特务警察，在喀喇沁右旗旺业甸、七家村、五家村等地即抓捕我国抗日救国人员及和平居民王富和、刘振德、黄金兆等153人，将其中王富和、刘振德等40人送交伪承德地方检察厅。

10. 木村光明抓捕、残害抗日人士和平民

自1941年6月至1943年8月，木村光明任承德日本宪兵队特高课长期间，专事策划并且协助宪兵队长指使承德、古北口、喜峰口等宪兵分队，在我国热河省青龙、承德、兴隆等县大肆抓捕、刑讯、残杀我国抗日救国人员与和平居民。

1941年6月25日和7月25日，木村光明指使承德日本宪兵队所属喜峰口等宪兵分队同伪警察，在青龙县的大屯乡艾峪口村抓捕我国和平居民周玉泽、褚清林、褚成宽等52人，其中刘贺祥、刘明被刑讯致死，周玉泽、褚清林、刘同等5人被处死，刘永纯、褚成宽、刘宽等45人被判刑囚禁。由于遭受残酷虐待，至日本投降时，除刘宽、刘盛海等6人生还外，褚成宽、刘永纯、褚祥林等39人均惨死狱中。

1941年8月2日，木村光明指使承德日本宪兵队所属古北口宪兵分队同伪警察，在怀柔县的汤河口区小黄塘村抓捕我国和平居民吕宣、郭显明、吕振荣等32人，将吕宣、郭显明、刘斌等27人送交承德伪司法机关，其中吕宣、郭显明等5人被处死，吕坤、吕振荣、刘斌等22人被判刑囚禁，由于遭受虐待摧残，至日本投降时，除刘斌、吕德瑞等5人生还外，吕坤、吕振荣、张德修等17人均惨死狱中。

1941年10月13日，木村光明指使承德日本宪兵队所属古北口宪兵分队同日军守备队在怀柔县大水峪村抓捕我国抗日救国人员及和平居民杨全、姜尔康、李洪友、姜自安等204人，将杨全、姜尔康、姜自安等165人送交承德伪司法机关，其中杨全、姜尔康、姜自强、姜尔廉、姜习、姜自纯、赵殿稳7人被处死，姜自起、姜自安、姜自忠、王昆等158人被判刑囚禁，因遭受虐待摧残的姜自忠、姜怀珍等130人死在狱中。

1943年1月17日，木村光明指使承德日本宪兵队所属喜峰口宪兵分队，在青龙县九虎岭树的大野鸡峪抓捕我国和平居民刘文贵、刘文远、赵相阁等

19人，以棍打、火烧等残暴手段进行刑讯，赵润被刑讯致死，刘文远、刘凤贵等6人被枪杀或刺刀刺死，不满8个月的婴儿刘双和被宪兵从母亲怀抱中夺去摔死，赵四被塞入冰窟淹死，最残忍的是赵相阁被挖去双眼又挖出心脏而惨死。

11. 岛村三郎抓捕、残杀抗日人士和平民

1939年1月至1940年4月，岛村三郎任伪三江省警务厅特务科长兼地方保安局理事官期间，专事策划并协助厅长指挥各县警察、特务，破坏中国共产党和抗日救国组织，大肆抓捕、刑讯、残杀我国抗日救国人员与和平居民。仅1939年1月至11月即抓捕我国抗日救国人员及和平居民2995人，其中14人被杀害，272人被送交伪司法机关。

12. 佐古龙祐抓捕、杀害抗日人士和平民

1940年5月至1943年7月，佐古龙祐任伪锦州铁道警护本队长期间，领导所属铁道警护队破坏我国抗日救国组织，大肆抓捕、刑讯和残杀我国抗日救国人员与和平居民。仅在1941年1月至1942年8月，佐古龙祐命令所属承德、古北口等铁道警护队，协同日伪军队、宪兵、警察在我国热河省的承德、兴隆、滦平、青龙、平泉、古北口，河北省的迁安、遵化、密云等地即抓捕我国抗日救国人员与和平居民隋长满、许俊兴、许文祥、李福洪等2249人，被就地杀害的有王春、孙振东等210人。

1945年3月至8月，佐古龙祐任伪牡丹江铁路警护旅长期间，命令所属各铁路警护团抓捕、刑讯、残害我国抗日救国人员与和平居民。仅1945年7月，其所属伪牡丹江铁路警护团，一次即抓捕我国和平居民汪世洵、关士魁等23人，经刑讯后，将汪世洵、关士魁等20人送交伪牡丹江高等检察厅。

13. 筑谷章造抓捕抗日人士和平民

1936年4月至7月，筑谷章造指挥所属“特别搜查班”，协同日本宪兵队破坏我国抗日救国组织，在沈阳地区抓捕我国抗日救国人员王殿玉、陈晶石、许佩如、白曼秋等52人，将王殿玉、陈晶石、许佩如等11人送交伪满第一军管区军法处，其中王殿玉、陈晶石等4人被处死，许佩如、白曼秋等7人被判刑囚禁。

1937年4月，筑谷章造以伪滨江省警务厅司法股长兼特别搜查班主任的

身份参加了哈尔滨日本宪兵队所组成的“哈东特委逮捕班”，并担任辅佐官，指挥特务、警察协同日本宪兵队破坏中国共产党哈东特委组织，在苇河、青云、横道河子等地抓捕中国共产党哈东特委书记张福林、苇河县委书记杨树森和抗日救国人员刘云汉、钟德春等32人，其中被送交哈尔滨伪满第四军管区“军法会审”处死的有张福林、张霭如、杨树森、武金山等13人，被判刑囚禁的有刘云汉、钟德春、王连儒等12人。

14. 柏叶勇一抓捕平民

1944年5月，柏叶勇一命令所属警察实行“大搜查”时，在抚顺市一次即抓捕我国和平居民700余人。

15. 藤原广之进抓捕抗日人士

1935年8月，藤原广之进任梨树镇日本宪兵分队长兼密山日本宪兵分队长时，指挥部下协同伪军，在密山县破坏我国抗日救国组织，先后抓捕我国抗日救国人员李贵等8人。1935年11月，藤原广之进任梨树镇日本宪兵分队长兼梨树镇地区警务联络委员会委员长时，主谋策划破坏我国梨树镇抗日救国组织，指挥部下在日伪警察协助下，在穆棱县八面通抓捕我国抗日救国人员5人。

16. 上坪铁一抓捕抗日人士和平民

1944年8月和9月，上坪铁一任鸡宁日本宪兵队长期间，指挥命令所属宪兵，在绥阳、东宁等地抓捕我国抗日救国人员及和平居民石文瑞、耿万和等5人。

17. 蜂须贺重雄抓捕、残害抗日人士和平民

1941年11月至1944年2月，蜂须贺重雄任伪锦州铁道警护本队警察科长期间，专事策划并协助本队长指使各铁道警护队破坏我国抗日救国组织，抓捕、刑讯、残害我国抗日救国人员与和平居民。

1941年12月至1942年1月，蜂须贺重雄在本队长佐古龙祐的领导下，具体布置并指挥所属伪山海关、彰武、叶柏寿等铁道警护队警察系主任和特务警察，先后在锦州、山海关、彰武、通辽等地，抓捕我国抗日救国人员周振寰、张全良等40人，经刑讯后，将周振寰、陈福恩、张全良等33人送交锦州伪司法机关，其中周振寰被处死。蜂须贺重雄在任伪锦州铁道警护本队

警察科长期间，命令所属特务警察和指导伪山海关、承德、通辽等地铁道警护队实施“查察周间”，以抓捕1个抗日人员记100分、抓捕1个“经济犯”记2分、搜集1件有关抗日情报记10分等记分奖励办法，鼓励部下和各铁道警护队，大量抓捕我国人民。1944年4月，蜂须贺重雄任伪奉天铁路警护团长时，命令部下在沈阳市抓捕我国抗日救国人员李振祥、张文斌，送交伪奉天高等检察厅。

18. 野崎茂作抓捕抗日人士和平民

1941年8月，野崎茂作任伪吉林省永吉县警务科附时，指使所属警察在小丰满工地抓捕我国抗日救国人员及和平居民康秀、刘贵章、周兰廷等24人，并以酷刑拷问摧残。

19. 志村行雄抓捕抗日人士和平民

1944年5月至1945年7月，志村行雄任海拉尔日本宪兵队长期间，曾经领导所属宪兵分队、宪兵派遣队，在免渡河、海拉尔、满洲里等地先后抓捕我国抗日救国人员及和平居民乔连奎、徐学更等15人，并将徐学更、罗福义、张仁山3人刑讯致死。

志村行雄在1945年日本投降后，于8月18日竟又命令部下杀害我国沈阳和平居民黄福有。

20. 小林喜一抓捕、杀害抗日人士和平民

1937年8月31日，小林喜一以日军东条兵团配属宪兵长身份率领部下随同日军侵入张家口。8月31日至9月9日小林喜一在张家口期间，派遣部下协同张家口日本宪兵队，杀害张家口第一监狱囚禁的我国和平居民31人。

1943年11月至1944年8月，小林喜一以奉天日本宪兵队战务课长身份协助队长指使奉天、抚顺、安东等日本宪兵分队，在安东、沈阳、抚顺等地抓捕我国抗日救国人员及和平居民55人。1945年2月，小林喜一以奉天日本宪兵队战务课长身份命令部下抓捕奉天第三国民高等学校学生金毓忠、万克安、关维静等30余人，酷刑拷问后，将金毓忠、关维静等5人送交奉天市伪司法机关判刑囚禁。

21. 西永彰治杀害抗日人士

1934年3月，西永彰治任间岛日本派遣宪兵长时，命令所属宪兵杀害我

国抗日救国人员金初男。1934 年 6 月至 1936 年 7 月，西永彰治任图们日本宪兵分队长时，命令所属宪兵杀害我国抗日救国人员刘亚斌、铁少先、马永林、刘搞首、金元浩等 5 人。

22. 鹿毛繁太抓捕、杀害抗日人士和平民

1936 年 7 月至 1937 年 8 月，鹿毛繁太任伪柳河县警务局首席指导官兼山城镇地区警务统制委员会委员期间，协同日本宪兵队抓捕、刑讯、杀害我国抗日救国人员与和平居民。1936 年 10 月至 1937 年 3 月，仅在吉林省柳河县三源浦、五道沟等地，即抓捕中国共产党柳河县委组织部长郭喜明、东北抗日联军第五团副官侯德清和抗日救国人员等 52 人，其中赵永玉、焦训江被酷刑致死，侯德清、郭喜明等 25 人被杀害。鹿毛繁太在上述任职期间，还命令所属伪警察协同日本守备队在柳河县西门外老虎站杀害我国抗日救国人员及和平居民韦景太、张景文、尹贵芳等 22 人。

23. 吉房虎雄抓捕、杀害抗日人士和平民

1932 年 6 月至 12 月，吉房虎雄以驻朝鲜日本国境守备队配属宪兵长身份率领所属宪兵在我国吉林省辑安、临江等地参加侵略作战期间，曾经指挥部下在辑安、临江等地区，杀害我国和平居民高明早、曹金成、于新海等 7 人。

1941 年 8 月至 1942 年 3 月，吉房虎雄任日本关东宪兵队司令部部员、第三课长期间，专事策划并协助司令官指使各地日本宪兵队，破坏我国抗日组织，抓捕、刑讯、残害我国抗日救国人员。仅 1941 年 11 月至 12 月，日本关东宪兵队所属的齐齐哈尔宪兵队同伪警察在齐齐哈尔等地抓捕我国抗日救国人员及和平居民王耀钧、毛殿武等 135 人，其中王耀钧、史履陞、周善恩被送交伪齐齐哈尔高等法院处死，毛殿武等 33 人被判刑囚禁。同时，齐齐哈尔宪兵队又在齐齐哈尔、昂昂溪等地抓捕我国抗日救国人员及和平居民王文宣、金佐治等 150 余人，其中王文宣、伊作衡被送交伪齐齐哈尔高等法院处死，金佐治等 42 人被判刑囚禁。

第五节 残酷刑讯

日本侵略者用尽残忍的手段，刑讯我国抗日救国人员及和平居民，其刑讯的残暴手段令人发指，其刑讯人数令人震惊。

一、刑讯的残暴手段

日本侵略者对我国被捕人员的刑讯手段主要有毒打、木棒打、火烧、过电、压杠子、剥肉皮、灌凉水、灌煤油、皮鞭打、猪鬃刺尿道、滚钉笼、装入麻袋摔、火钩子烫等，每种手段都让人痛不欲生。

二、多部门恣意实施刑讯

（一）伪奉天省警务厅与地方保安局

伪奉天省警务厅与地方保安局是策划或命令所属特务、警察刑讯我国抗日救国人员及和平居民的部门之一，也是级别较高的刑讯部门。在1944年7月至1945年8月间，三宅秀也任局长，其大肆在沈阳、鞍山、本溪、辽阳、铁岭、盖平、营口等市、县破坏我国抗日救国组织，将抓捕来的我国抗日救国人员及和平居民宋月英、郑淑芳、罗兴东、曲以高、李笑如等320余人，以毒打、火烧、过电、压杠子、灌凉水等残暴手段进行摧残拷问。

（二）铁道警护本队

铁道警护本队是实施刑讯的主要部门之一，主要是从各火车站抓捕我国抗日救国人员及和平居民。实施刑讯的铁道警护本队有很多，如伪锦州铁道警护队、伪承德铁道警护队、伪山海关铁道警护队、伪金岭寺铁路警护团等。这些铁道警护队的队长不仅在火车站附近抓捕我国抗日救国人员及和平居民，而且到农村去抓捕普通老百姓。

1941年8月，佐古龙祐命令所属伪古北口铁道警护队，在宪兵配合下，在热河省滦平县张家沟、三道沟和三岔口等地抓捕我国抗日救国人员及和平居民郑廷兰、王永库、杨海、司文轩等33人，用剥肉皮、灌凉水等酷刑拷问后，将郑廷兰、傅振国等6人送交承德伪司法机关，其中郑廷兰被处死，傅振国等5人被判刑囚禁。1941年12月至1942年1月，佐古龙祐召开所属伪铁道警护队警察系主任会议，亲自布置并且命令所属铁道警护队，在锦州、山海关、彰武、通辽等地抓捕我国抗日救国人员周振寰、张全良等40人，用灌凉水、竹签刺孕妇阴道等酷刑拷问后，将周振寰、陈福恩、张全良等33人送交锦州伪司法机关，其中周振寰被处死。1942年5月至9月，佐古龙祐命令所属伪锦州铁道警护队，在锦县、义县等地先后抓捕我国抗日救国人员及和平居民申品一、刘龙阁等47人。1942年12月至1943年3月，佐古龙祐命令所属伪承德铁道警护队进行侦察，在热河省承德县的上谷、于杖子、赵家院等村先后抓捕我国抗日救国人员及和平居民蒋瑞祥、李凤鸣等40人，以过电、灌煤油、灌水、火烧等残暴手段进行刑讯，并且将蒋瑞祥、李凤鸣、李庆瑞等20人送交承德伪司法机关。1943年5月，佐古龙祐派遣部下并且命令所属伪山海关铁道警护队，在兴城县车站、北关村、花园村等地先后抓捕我国和平居民刘福廷、王福陞等14人，经酷刑拷问后，将杨国忠、刘才勤、刘张氏等10人送交锦州伪司法机关判刑囚禁，致遭受残酷虐待全部死于狱中。

1944年5月，原弘志命令所属伪金岭寺铁路警护团在义县车站抓捕我国和平居民王振成、王玉山等80余人，经刑讯后，将王振成、王玉山等6人送交锦州伪司法机关。1944年8月，原弘志命令所属伪锦州铁路警护团在锦州抓捕我国和平居民70余人，并且以酷刑拷问。

（三）日本宪兵队

日本宪兵队是实施刑讯的重要部门之一。日本宪兵队管辖领域较大，可以在所辖区域内恣意抓捕我国抗日救国人员及和平居民，并且经常到广大农村实施抓捕，然后丧心病狂地实施刑讯。

1. 木村光明带领宪兵刑讯抗日人士和平民

木村光明在任承德日本宪兵队特高课长期间，专门策划并调遣人员在承德等地抓捕、刑讯、残杀中国人。1942年7月4日，承德日本宪兵队所属喜峰口宪兵分队和宽城宪兵派遣队同伪警察队，在青龙县九虎岭村抓捕我国抗日救国人员及和平居民赵奎、杨顺有、张生等100余人，以抽皮鞭、灌凉水、灌煤油、火烧等各种残暴手段进行刑讯后，将赵奎、杨顺有、张生等 12 人送交承德伪司法机关判刑囚禁，直至日本投降时，除赵奎 1 人生还外，杨顺有、张生、王印、孙广安等 11 人因遭受残酷虐待死在狱中。1942 年 12 月 4 日，承德日本宪兵队所属喜峰口宪兵分队和宽城宪兵派遣队同伪警察队，在青龙县十一区龙须门乡徐家店村抓捕我国和平居民高恩申、李中田、何存等 18 人，经刑讯后，全部送交锦州伪司法机关。其中高恩申、李中田等 10 人被处死，王振、徐凤瑞、王秀被判刑囚禁死在狱中。1943 年 1 月 31 日至 2 月 1 日，承德日本宪兵队及所属古北口等宪兵分队同伪警察，在承德县的胡杖子、鹰手营子、南双庙、东涝洼、三道河子等地抓捕我国抗日救国人员及和平居民姜国明、孙景芳、肖汉存、刘明等 239 人，以各种残暴手段酷刑拷问后，将马洪祥、刘永芳砍死在新杖子，罗万桂、肖汉存、刘占梅、刘树等 15 人送交承德伪司法机关处死，孙景芳、姚瑞、李显、刘贵等 133 人因被酷刑摧残和囚禁折磨全部死在狱中。

2. 上坪铁一指挥宪兵刑讯抗日人士和平民

上坪铁一任东安日本宪兵队长期间（1944 年 10 月至 1945 年 7 月），指挥命令所属平阳、勃利、鸡宁宪兵分队，在平阳、勃利、鸡宁、密山等地大肆抓捕我国抗日救国人员与和平居民，仅已查到有姓名的即有李东岱（又名李东升）、宫发德、桑元庆、关鹏翔、张玉环、曲丰久、刘占先、姜子宽等 76 人，并以灌凉水、过电、装入麻袋摔、木棒打、火钩子烫等各种残忍手段进行刑讯后，将其中李东岱、桑元庆、张玉环 3 人送交在哈尔滨的日本关东军驻满洲第七三一防疫给水部队（以下简称七三一部队）做细菌效能实验杀害。刘清洋、曲丰久等 19 人自被抓捕后至今下落不明。

3. 藤原广之进指挥宪兵刑讯抗日人士

1936 年 2 月，藤原广之进任梨树镇日本宪兵分队长兼密山日本宪兵分队长时，指挥部下在半截河等地抓捕我国抗日救国人员庄俊哲、傅子阳等 10 人，经刑讯后，将庄俊哲等 8 人杀害。

（四）伪警务部门

伪警务厅等警务部门是抓捕、刑讯抗日救国人员和普通居民的部门之一。

1. 鹿毛繁太指挥警察刑讯平民

1938 年秋冬季，鹿毛繁太任伪临江县警务科附时，指使所属警察在通化省临江县二道北岔、腰沟屯、冰湖沟屯等地抓捕我国和平居民高立成、李怀美、刘杰、张希礼等 39 人，并用各种酷刑拷问摧残。

2. 筑谷章造指挥警察刑讯抗日人士和平民

1935 年 3 月至 1936 年 7 月，筑谷章造任伪沈阳警察厅特务科长期间，积极参与策划和指挥所属“特别搜查班”，抓捕残害我国抗日救国人员与和平居民。1935 年 10 月，被告人指挥部下在沈阳市先后抓捕我国抗日救国人员及和平居民牛光仆、刘国华、牛平甫等 37 人，用灌煤油、猪鬃刺尿道、滚钉笼等手段进行酷刑拷问。

3. 柏叶勇一命令警察刑讯、杀害我国被俘人员

柏叶勇一任伪满洲国抚顺市警务处处长、警察局局长期间，曾命令所属警察对被强制在抚顺煤矿从事苛重劳役的我国被俘人员进行血腥镇压，并且派遣特务混入我国被俘人员中进行恐怖暗害活动。据查明仅自 1941 年至 1944 年 10 月，柏叶勇一命令所属警察即先后将我国被俘人员董兴言、段喜灵、张鹏云、刘双顺等 300 余人，抓捕到伪抚顺市警务处（后改为警察局），用电刑、毒打、灌凉水、压杠子等残暴手段进行刑讯，将梁振基等 5 人杀害，将高林投入浑河淹死，将王义侠、张鹏云、刘双顺等 130 余人送交伪司法机关和矫正辅导院囚禁奴役，段喜灵等 60 余人自被捕后至今没有下落。

4. 野崎茂作指挥警察刑讯抗日人士和平民

野崎茂作指挥部下协同帽儿山警察署，在蜜蜂村等地抓捕我国抗日救国人员及和平居民杜忠臣、孙广庆、扈祥等 35 人，经各种酷刑拷问后，其中扈礼、赵德江等 5 人被杀害，孙广庆被拷问致死。

第六节 研制与使用细菌武器

在 1933 年至 1945 年的 12 年中，日本侵略者组建的七三一部队在中国东北地区秘密进行了反人道的人体细菌实验和毒气实验，并进行细菌培养用于细菌战。七三一部队作为日本侵略者的军事基地之一，是日本组织实施细菌和毒气等反人道战争的大本营。因为细菌战和毒气战的危害范围广，遗留的

后果严重，成为后期日本侵略中国的主要手段。细菌战和毒气战因其反人类、反人道的性质成为对日本战犯审判的一个重要罪证。

七三一部队在中国东北建立了世界历史上规模最大的细菌武器研究、实验和制造基地，并且指导在中国长春、北京、广州、南京及新加坡等地的细菌部队。七三一部队令人发指的研究工作是以东北地区百姓的生命和健康为代价的，其所控制的集中营同德国纳粹奥斯维辛集中营并称为世界两大杀人魔窟。中华人民共和国审判的战犯堀口正雄、榊原秀夫作为队长和部长为七三一部队服务期间，对中国人民所犯罪行和造成的伤害只是所有七三一部队罪恶行径的冰山一角。

1. 抓捕我国平民进行细菌和毒气实验

抓捕大量平民和抗日救国人员进行细菌和毒气实验。根据 1943 年 5 月由堀口正雄署名的《鸡宁临时宪兵队状况报告》的记载，其在任鸡宁日本宪兵队长期间，自 1942 年 8 月至 1943 年 5 月，指挥所属宪兵在鸡宁、勃利、半截河、八面通、梨树镇、下城子等地抓捕我国抗日救国人员及和平居民王勤山、唐永金、王荣喜、马洪余等 55 人，其中王勤山、唐永金、刘维平、王照儒等 9 人被送哈尔滨七三一部队做细菌效能实验，终被杀害。至 1943 年 8 月，共逮捕抗日人员约 80 名，其中“经宪兵司令官的批准指令送哈尔滨第七三一部队约 20 名”。1945 年 3 月上旬，榊原秀夫将第一六二支队保存培养的两只试验管的伤寒菌、A 型副伤寒菌送交七三一部队第一部毒力检定班，用以进行细菌效能的活人实验，杀害了我国人民 4 人。随后，榊原秀夫接到毒力检定结果的通知，证实了在第一六二支队生产的细菌合乎毒力标准，适合用于细菌战。

2. 培养专业人员研制细菌武器

日本侵略者非常重视细菌武器的研制，由医学专业人员领导人员培养细菌，1942 年 11 月至 1944 年 2 月，榊原秀夫任日本关东军第一〇师团防疫给水部少佐部长期间，在黑龙江省佳木斯亲自领导所属人员进行细菌战的准备工作，培养了伤寒菌、A 型副伤寒菌、B 型副伤寒菌和赤痢菌等菌种，并且在 1943 年 7 月，曾赴七三一部队本部接受了准备进行细菌战的特殊训练，在掌握一定的培养技术后，回到第一〇师团防疫给水部，又对所属人员进行了此项教育。从 1945 年 3 月开始，在榊原秀夫亲自领导监督下培养了 70 名专门人员，经过 3 个月的细菌生产法、细菌检查法等专门训练后，大部分配备在该支队的各部门，培育细菌，从事细菌战的准备活动。在专业技术人员的领导和培训之下，研制、培养细菌的人数迅速增多，破坏能力迅速增强。

3. 七三一部队搜罗大量培养细菌的设施

1944 年 10 月，榊原秀夫就任七三一部队第一六二支队支队长后，即在黑龙江林口亲自领导该支队培养细菌制造细菌武器。该支队有大型高压蒸气灭菌锅炉 5 具、小型高压蒸气灭菌锅炉 1 具、小型蒸气灭菌器 4 具和干热灭菌器 6 具、灭菌笼 200 个、远心沉降器 5 具、大型和小型孵育器 8 具、大型培养皿 1500 个、申型培养皿 1000 个、石井式培养器 1000 具、检视细菌的显微镜 80 台以及制造细菌营养液用的原料约 60 吨。榊原秀夫领导其部下利用上述部分设备保存并培育了烈性传染病的病源霍乱菌、伤寒菌、A 型副伤寒菌、B 型副伤寒菌和赤痢菌等菌种，并且从 1945 年 1 月至 6 月，生产了 870 只试验管的霍乱菌、伤寒菌、A 型副伤寒菌、B 型副伤寒菌准备进行细菌战。

4. 利用区域性特征传播细菌

七三一部队利用区域性特征，使用老鼠和跳蚤携带病毒，传播细菌。1945 年 4 月，榊原秀夫参加了七三一部队队长石井四郎召集的“准备实施鼠疫细菌战斗”的会议，接受了大量捕鼠的任务。会后在该支队内组织了 5 个捕鼠班，先后在佳木斯等地捕捉了大量老鼠，连同该支队繁殖的白鼠一并送交七三一部队本部，供制造鼠疫细菌武器之用。榊原秀夫为大量供给七三一部队本部以传染鼠疫的跳蚤，制造细菌武器，又在同年 6 月派部下七夕曹长等 7 人到七三一部队本部学习繁殖跳蚤法，并且带回 1 千克跳蚤在该支队地下室内进行繁殖。1945 年 8 月 9 日，榊原秀夫为加强七三一部队本部进行鼠疫细菌战的力量，派部下将第一六二支队繁殖的老鼠和跳蚤送交七三一部队本部。8 月 10 日，他为掩盖准备进行细菌战的罪恶，命令部下间所少尉，烧毁该支队的全部建筑物和一切设备，并且亲自率领部下，携带保存培养的 23 只试验管的霍乱菌、伤寒菌、A 型副伤寒菌、B 型副伤寒菌和同年五六月份生产的 320 只试验管的霍乱菌、伤寒菌、A 型副伤寒菌，100 个培养皿的霍乱菌以及制造细菌用的大量器材，前往牡丹江准备进行细菌战。但在苏联军队迅速进军逼近牡丹江的情势下，榊原秀夫未及到达目的地实施细菌战，即被迫于8月12日在途中将上述器材和病菌全部烧毁。

七三一部队将专业的医学知识异化为细菌武器，将专业的技术人员异化为反人道的杀人魔王，对中国人民造成了巨大的伤害。

第七节　虐待战俘

战争的主体是国家，但是具体执行战争任务的是军人，军人要接受战争残酷的考验。有些军人在战争中会成为战俘，“战俘通常是指战争、武装冲突中落入敌方权力之下的合法交战者”①。战俘因为是战争另一方面的成员，所以很容易成为俘获方攻击的对象。军人一旦被俘应和平民一样享受人道主义待遇，即“人道原则是战时人类区别于动物的重要因素”。② 但日本侵华期间对我方被俘人员进行了极端的虐待，完全违背了国际法关于给予战俘人道主义待遇的规定。

1. 把战俘当教练新兵的“活靶”

为了提升军队的战斗力，强化新兵的胆量，日本侵略者把战俘当训练新兵的“活靶”。日本侵略者的太原陆军独立混成第四旅，在接到新兵源后，旅团长津田守弥下令给独立步兵第十三大队，用集中营的八路军战俘作活靶进行新兵刺杀训练。1942年7月26日，残杀了220名抗日战士，1942年8月上旬，杀戮了120余名中国军民。这场屠杀的唯一幸存者赵培宪（中华人民共和国成立后历任云南蒙自地委书记、省民政厅厅长等职）回到了解放区，在报纸上揭露了这场秘密大屠杀的真相，解放区的电台播放了这一骇人听闻的消息。

这样的屠杀并不只发生在个别地方。“1941年8月，大佐说‘要试验胆

① 王铁崖：《国际法》，法律出版社1981年版，第534页。

② 朱文奇：《国际人道法文选》，商务印书馆2004年版，第1页。

量'，就把关禁闭的二十五名战俘在子陵铺的高处，让新任见习士官进行砍杀。"[①] 1942 年 6 月，长岛勤命令所属部队在山东省莱芜县苗山区漫子乡，对抗日军伤员进行袭击和残杀，仅在高家上坡村就烧死、刺死伤员丁明章、徐伯风等 5 人。1943 年鹈野晋太郎以第二大队情报宣抚主任的身份，曾先后在湖北省当阳、松滋等地将被俘人员 4 人杀害，另有被俘人员 1 人由其亲自捆住手脚推入河中淹死。1945 年，"二十春衣山东作战"的时候，长岛勤所属独立步兵第一一一大队于 2 月 8 日在东阿县马家海子村，将被俘伤员徐丰海等 7 人作为训练新兵的"刺杀活靶"全部刺死。日军不仅把战俘当"活靶"，而且随意残杀战俘。鹈野晋太郎在管理湖北省当阳县"俘虏收容所"期间，于 1944 年 11 月将我方被俘人员薛树廷、陈金二人砍死。

2. 残酷虐待、杀害战俘

日本侵略者残酷虐待战俘。1943 年，鹈野晋太郎曾先后在湖北省当阳、松滋等县对我国被俘人员 6 人用灌凉水、压杠子、吊打等酷刑，逼取情报，其中被俘人员 1 人因受重刑致死。1944 年 5 月至 1945 年 5 月，上坂胜派遣所属部队在河南省洛阳市郊区西工镇看管"俘虏收容所"，纵容部下残酷虐待被俘人员，不给饱食，不给水喝，逼使被俘人员在不能忍受的情况下以尿解渴，致使大批被俘人员被折磨病饿而死，有的病重后即被杀害。仅在填满尸体的深 5 丈（1 丈≈3. 33 米）5 尺（1 尺≈0. 33 米）多的一口井里，挖了 3 丈深就挖出大批尸骨和 158 个头颅骨。这只是日军虐待我军战俘事实的冰山一角，日军对战俘的反人道暴行的确令人发指。

3. 强迫战俘服苦役

日本侵略者强迫战俘从事军事性苛重苦役，他们被迫在战俘营附近垦荒、修路、开矿等。"在河北省张家口市宣化区东的庞家堡铁矿，日军宪兵队和驻军对战俘劳工实施严密监控和残酷迫害。'特殊工人'上下班及劳动时间要带着铁镣，稍有反抗即会遭到毒打和被狼狗咬，直至折磨致死。"[②] 战俘的工作时常有生命危险，尤其在当时矿区工作的战俘，时刻都有生命危险。当

① 公安部档案馆：《史证——日本战犯侵华罪行忏悔实录》，中国人民公安大学出版社 2005 年版，第 51 页。

② 李秉刚：《万人坑——千万冤魂在呼唤》，中华书局 2005 年版，第 115 页。

时的开采技术非常落后，经常发生瓦斯爆炸等事故，一旦发生事故，日本企业就不顾战俘的生命，保护矿产的利益。“本溪湖煤矿瓦斯爆炸，是采煤史上最大的一次惨案，这次矿难，共死伤1795人，死亡1527人，重伤44人，轻伤224人，死者除31个日本人外，全是中国劳工，其中有276名特殊工人，即战俘劳工。”① 日本战犯古海忠之也承认这次矿难共夺去了1800多名矿工的生命。② 1943年6月至1945年5月，鹈野晋太郎在管理湖北省当阳县“俘虏收容所”任主任期间，先后对我国被俘人员200余人实施残酷的虐待和奴役，强迫被俘人员从事军事性的苛重劳役，并且经常加以毒打、冻饿，将被俘人员邓书清等55人虐待致死。

① 日本帝国主义侵华档案资料选编：《东北经济掠夺》，中华书局1991年版，第862页。

② 梅桑榆：《日军铁蹄下的中国战俘与劳工》，中共党史出版社2005年版，第168页。

第二章

对日本战犯改造是司法理性的前提

对日本战犯审判不是单纯的司法工作，需要克服仇恨情绪、敌对情绪，进行理性的分析，借助战犯自身的悔过获得审判的有效证据，需要摆脱自身胜者的身份而制定合法且理性的审判程序与规则，审慎分析国际形势和中国自身的国际地位。对日本战犯进行系统改造，使其真正悔罪、认罪，是理性审判日本战犯的前提和保障。

第二次世界大战期间，日军侵华罪行残酷且长期、广泛且全面，对中国国家的经济环境、人民的生产和生活都极具破坏性和灾难性。日本侵略者不仅霸占了我国东北、内蒙古等国土，攫取我国大量的经济财富，而且在整个侵华战争中，给全中国的同胞带来了极为深重的灾难，据不完全统计，在日军侵华的十四年里，我国军民伤亡 3500 多万人，经济损失高达 6000 多亿美元。中华人民共和国成立之后，中国军民俘获了一定数量的日本战犯。中华人民共和国成立初期，毛泽东主席和周恩来总理访问苏联，在访问期间，苏方考虑到中华人民共和国已经成立，从国际局势和我国的主权考虑，决定把“二战”期间苏联军队俘获的日军战俘交给我国处理，这具有重要的政治含义。苏联政府移交给中国政府的日本战犯，加上之前中国政府自己俘获的战犯，共计 1062 名。

由于日本侵略者对我国欠下了累累血债，所以对于这部分战犯如何处理，不仅国内人民关注、日本政府和百姓在关注，全世界各国政府也在关注着。国内一部分人主张“以牙还牙，以血还血”地严惩这部分战犯，彰显我们的胜利；另一部分人却主张先对战犯进行人道主义改造，再等待合适的时机进行审判。同时，这些战犯是在侵华战争中犯有一般罪行的乙级、丙级战犯的一部分。① 鉴于中央人民政府刚刚成立，进行战犯审判的条件并不成熟；另外，依据国际法，对中日战犯问题只能搁置，所以先将这些战犯中大部分关押在了战犯管理所。

当时的东北地区解放已经有一段时间，又靠近苏联，所以中央决定，我国接收的日军战犯安置在东北人民政府驻地之东的抚顺市。为了筹备接收战犯，周恩来总理委托司法部准备相应工作。首先是要选择合适的场所，即改造东北司法部直属第三监狱为战犯管理所。这个监狱是日本侵略者为关押日本和朝鲜犯人而于1936年修建的，后来曾关押我国抗日救国人员，在抗战胜利之后不再具有监狱的功能。这个监狱地点位于浑河北岸，环境幽静，空气清新，但是在1950年准备做战犯管理所的时候，不仅监房失修，而且其内垃圾成堆，需要花费相当大的精力进行修缮。为了能够保证日本战犯的人道主义待遇，战犯管理所的工作人员利用两个多月的时间对监区进行了大规模修缮，并修建了与之相配套的生活服务设施，包括对监室安装了新的暖气设备，在监区增建了礼堂、医院、澡堂等。

虽然当时距离战争结束已经过去4年多，但是中日两国没有恢复正常邦交，战犯与我方之间的关系仍然是剑拔弩张。战犯管理所的负责人和工作人员对于日本战犯管理工作，开始时非常抵触，因为工作人员都亲身经历过抗日战争，都曾亲眼看见日本侵略者惨无人道地杀害我国无辜同胞，甚至大多数工作人员本身或亲属都受到过日本侵略者的残害，所以对于日本战犯都充满怨恨。日本战犯中有一个叫新井正代，在战犯管理所服刑期间，被管理所的炊事员王兴认出来了。王兴10岁时，新井正代杀了他的父亲，强奸并杀害了他的姐姐，王兴见到仇人之后，非常激动地要上去和他拼命，但是被拦住了。抚顺战犯管理所所长孙明斋同志也曾亲眼看见，在他的家乡山东省海阳县，日本侵略者烧毁房屋、洗劫财物，杀害乡亲们，他舅舅被日本兵的

① 因为一部分甲级战犯在东京接受东京国际军事法庭的审判，一部分甲级战犯由之前的南京国民政府进行了审判。

狼狗咬死，甚至有一位英雄母亲被日本兵用刺刀活活挑死，并把心挖出来吃了。这些悲惨的场景让他内心无法平静。为了保证工作人员的工作质量，我方对干部、战士普遍进行了有关政策和纪律的教育，逐渐消除工作人员的抵触情绪。在管理过程中，管理人员完全克服仇恨心态，以人道主义精神管理战犯。

我方刚刚接收日本战犯之初，日本战犯不知道中国政府对待战犯的态度如何，情绪非常低落，一度以为我方会虐待或报复他们。日本战犯在走进抚顺战犯管理所大门时，情绪就开始不稳定，因为他们明白“战犯”与“战俘”的差异，战俘是要释放回本国的，而战犯则是要在中国接受审判，并且可能判刑，甚至被判死刑的。所以一部分战犯负隅顽抗，将战犯管理所墙上的《管理条例》撕下来，并用脚踩踏，甚至一位日军团长咆哮着喊出：“我和我的部下不是战犯，而是战俘，必须被无条件释放！”在我方翻译给他们讲明战犯政策之后，他们也不敢完全相信，而是经常互相议论、观察。有些战犯在收监之初曾狂喊：“你们是战后新成立的国家，无权关押我们，你们违反了国际法。”① 但实际上，中华人民共和国作为主权国家，有权在遵循国际法的前提下关押战犯。中国政府关押战犯不是目的，通过审判让日本国家和战争参与者承认自身的罪行，进而承担其战争责任才是目的。

朝鲜战争爆发之后，国际形势非常紧张，党中央迅速做出应对，派出中国人民志愿军到朝鲜战场参战，开始抗美援朝、保家卫国。在这种形势下，日本战犯中很多人，尤其是将、校级军官幻想侵华战争尚未结束，态度非常骄横、嚣张。经常摆出蔑视中华人民共和国、敌视管教人员的样子，甚至在监区寻衅闹事、顶撞工作人员，有个别顽固分子还公开煽动其他战犯闹监。他们有的还为日本侵华找理由，比如“日本国土小、人口少，资源贫乏，为了日本民族的生存，争取空间，向外扩张是不得已和正当的”；认为日本战败是偶然的，日本“战败并不是日本军队不强，而是战线太长，物资供应不足，是在战略上犯了错误的结果”；有些战犯妄自尊大地叫嚷“日本大和民

① 全国政协文史和学习委员会编：《回忆改造战犯》（上册），中国文史出版社2013年版，第35页。

族是优等民族，有义务指导劣等民族”；等等。对于战犯们的这些行为，我国的工作人员是非常愤怒的，因为大多数工作人员对日本侵略者都怀有强烈的仇恨，面对日本战犯的挑衅，工作人员的情绪异常愤怒。但为了坚持革命的人道主义原则，工作人员努力克制自己的愤怒情绪，始终都是按照国际惯例在执行管理与改造，用良好的待遇对待他们。

党中央对于战犯改造的精神是化解仇恨，着眼未来。周恩来总理针对改造日本战犯工作做出了专门指示，大体内容是：要把战犯改造活，不是改造死；要严加管理，但要尊重每个人的人格，绝不能殴打、谩骂和侮辱；不允许一个战犯死亡或逃跑；要从思想上进行教育和改造。按照周恩来总理的指示，抚顺战犯管理所的工作人员强压自身对日本战犯的仇恨，从全局出发，用革命人道主义来改造他们。周恩来总理在1962年同日本国会议员谈话时曾说过：“从中日甲午战争开始，日本侵略中国，特别是1931年‘九·一八’事变，日本入侵中国内地，给中国人民的生命和财产造成重大损失，对此我们抱有深深的怨恨。但是，甲午战争到现在只有70年，这在2000年的中日友好史上是短暂的。我们现在正在努力忘记这段时间，忘记怨恨，结成友好。”① 中国政府和人民在理性地看待中日关系。

在尚未审判的时间里，中华人民共和国政府的战犯改造工作开始由浅入深地渐次展开。在实际的改造战犯过程中，我方主要通过三个层面进行。首先是在生活上对其关照。尊重战犯的民族习惯，饮食上实行分灶待遇，为他们提供优于百姓和看守人员的生活条件，从生活的细节感化他们。让他们参加力所能及的生产劳动，通过劳动增强战犯的体质，激发他们新生的希望。其次是组织学习。通过学习《帝国主义论》《日本资本主义发展史》等专业书籍，引导战犯们反省。最后是现实教育。中央曾组织日本战犯参观了哈尔滨等11个城市，99个单位，在听了平顶山惨案幸存者方素荣同志的控诉之后，在场的300多名日本战犯全部跪了下来，恳求中国政府就地枪决他们。②

---

① 抚顺市政协文史委员会编：《震撼世界的奇迹》，中国文史出版社1990年版，第15页。

② 全国政协文史和学习委员会编：《回忆改造战犯》（上册），中国文史出版社2013年版，第23页。

第一节　改造战犯的理论基础

一、“以直报怨”化解敌对情绪

中央明确指示，必须尊重战犯的人格，给予战犯人道主义待遇。对于如何执行这一政策，东北公安部委托当时松江省公安厅厅长赵去非同志做了专门的讲话，阐释和解读了中央的政策。另外，东北公安部政治保卫处的董玉峰同志强调，对战犯的管理工作重点是对他们进行有关国际法知识的教育，阐明“二战”后的战争法规则和惯例，告知日本战犯国际法庭和犯罪所在地、国家都有权审理战犯。

1964年，毛泽东同志曾介绍我国改造日本战犯的情况，主席说：“那些打中国的将军们，大多数是被苏军俘虏的，也有被我们俘虏的。日本战犯中有中将、少将，有校级军官，一共1100多人，经过教育，除一人外，都不反对我们了，而变成中国的朋友。在日本国内，他们还进行宣传，反对他们的垄断资本主义和美帝国主义。”① 毛主席对改造日本战犯的多次讲话，是我国改造日本战犯工作的总结，其实也是改造日本战犯的基本精神。中央对于改造战犯的指示是，实行惩办与宽大相结合、劳动改造与思想教育相结合、政治斗争与实施革命人道主义相结合的政策。这三点原则既是感召战犯的出发点和归宿，也是中国传统法律文化的践行。

惩办战犯是其承担战争责任的应有之义，但是宽大政策确实是中国传统“以直报怨”思想在改造战犯政策制定中的重要理论支撑。

“以直报怨”一词出自《论语·宪问》，其原文是：“或曰：‘以德报怨，何如？’子曰：‘何以报德？以直报怨，以德报德。’”即有人问：“用恩德来报答怨恨或罪恶可以吗？”孔子回答：“那用什么来报答恩德呢？我认为应该是用正直的行为来回报怨恨，用感激、恩德的行为来报答恩德。”“以德报

① 纪敏：《震撼世界的奇迹》，中国文史出版社1990年版，第2页。

怨”最早出自《老子》第六十三章：“大小多少，报怨以德。”孔子不赞同“以德报怨”，他认为，不能用恩德的行为来回应原本的怨恨或罪恶的行为，如果这样善、恶不分的话，人们将不知如何行为。对于怨恨或罪恶的行为，要用正直的心指导自身的行为，没有偏私地处理。因为正直是不受外界因素影响的，面对怨恨或罪恶的行为，内心不受贪嗔痴的影响，用真诚之心来反应。这种正直行为的原动力是真诚。对于别人恩惠或恩德的行为，应该抱有感激之心，使自已用感恩的方式回报他人。

“直”的另一层含义就是处理问题公正合理，不偏不倚，有恩德的行为就要用有恩德的行为去回馈，有怨恨或恶毒的行为就要用公正合理的方式予以回击。不能够一味姑息罪恶从而纵容怨恨或罪恶的行为扩散而使良善的行为丧失，也不可以挟私加重报复。

日本帝国主义侵略中国的行为是罪恶的行径，且给中国人民造成了严重的伤害，如果一味地“以德报怨”，只能助长其嚣张的气焰。所以党中央制定的处理战犯原则是“惩办与宽大相结合”，也就是我们要体现自身的良善和宽容，但是不能无原则地一味“宽大”，在处理战犯的过程中，在考虑“宽大”处理战犯的同时，还要有“惩办”的内容，即要让日本侵略者的罪恶行径受到应有的制裁。

但实际上，“以直报怨”中的“直”也有用足够的智慧来使实施罪恶行为的人觉悟的含义。“直”，不管在古汉语还是在现代汉语中，都与法律规则和惩戒没有直接的关系。运用法律惩戒是一种手段，当然也要有足够的智慧来运用。在司法实践中，“以直报怨”尤其需要有足够的道德情操作为基础才能得以实施并产生良好的效果。

中国传统文化中很重视“报”，即重视对不同行为的不同回应，对怨恨或罪恶的行为如何回应，是非常值得思考的，究竟是“以怨报怨”“以直报怨”，抑或是“以德报怨”？以报复的心态去回应他人的怨恨或邪恶，是“以怨报怨”，那这样社会将是无止境恶性循环的“冤冤相报”，我们的社会失去的不仅是当世的和谐环境，还有后世的和谐。

完全客观的“以怨报怨”，让加害人承担对等的损害结果是法家所提倡的观念，这一观念是以外在压力即刑罚的压制对等地惩治加害人，这种“等值的”惩罚在历史上也曾有过，比如人类社会初期阶段的“以牙还牙，以眼还眼，杀人偿命”，但这一观念忽视了每个人都可能有的纯净纯善的本性，即加害人在实施邪恶行为时被障碍住的是人性。所以传统文化中多提倡人性的恢复，儒家、道家、佛家均强调善恶皆有因，其根本都是善，同时认识到人类文明社会的发展过程，并不是简单善与恶“叠加”的过程，而是随着文明的进步而“善长恶消”的进程，因此均不提倡“以怨报怨”。

“以直报怨”，进而“抑恶扬善”才是社会伦理所倡导的方向。“以直报怨”的目的在于让一时迷惑犯错的人有忏悔、醒悟的机会，体现了人类社会的文明。善与恶、德与怨，都是人类社会文明发展到一定程度之后才有的伦理、价值概念。善与恶这对概念，性质相反；人们通常谈及的善恶，其价值判断标准是明确的；具体说来，对人类社会有益的为善，对人类社会有害的为恶。比如刑法的目的是消除恶的行为，最初奉行的是“以牙还牙，以眼还眼”的原则，在夏、商时期就形成了具体的处罚规定，“昏、墨、贼，杀”。其目的是惩罚“昏、墨、贼”三种恶的行为，用了简单的惩罚手段即“杀”。随着社会的进步，人们已经认识到简单的“杀”并不是惩罚邪恶行为的最佳方式，《泰始律》《北齐律》开始已经逐步将伦理因素引入法典之中。

中国传世文献中多有“以直报怨”的记载，《警世通言·苏知县罗衫再合》：“又将白金百两，送与庵中老尼，另封白银十两，付与老尼启建道场，超度苏二爷朱婆及苏胜夫妇亡灵，这叫作‘以直报怨，以德报德’。”《十三经注疏》六“礼记正义·卷第五十四·表记第三十二”：“相报之义，宽身之仁者若以直报怨，是礼之常也。”《十三经注疏》七“春秋左传正义·卷第三十·八年”：“求媚于晋，不能以德怀亲，以直报怨，故二大夫异与子产。”《穀梁古义疏·卷八·襄公二年》：“起其施报。论语曰：‘以直报怨，以德报德’。”《三国志·卷六十·吴书十五·贺全吕周钟离传第十五·钟离牧》：“夫圣人以德报德，以直报怨，而牧欲以德报怨。”《宋史·卷三百四十六·列传第一百五·常安民》：“汝砺辨救蔡确，以直报怨。陶言榷茶为西南害。”王夫之《读通鉴论·卷六·光武四》：“何以劝忠乎？子曰：‘以直报怨。’直者，理而已矣。”《宋元学案补遗·卷四十八·晦翁学案补遗上·延平门人·文公朱晦庵先生熹·朱子语类》：“须于自己体察方可见。以直报怨，则无怨矣。”

刘向《说苑校正》："以直报怨，以德报德。"

国家是人的集合体，人又是社会的人，所以国家间的行为也应借鉴人际交往关系的规则：以直报怨，以德报德。中国外交方面奉行的"和平共处五项基本原则"就是属于社会行为规范，有利于人类社会的发展。中国政府对日本战犯的处理完全体现了"以直报怨"原则，并没有因为日本战犯的累累血债而单纯地适用死刑，而是在人道主义的改造之后，实施正义的审判。武力侵略其他国家的行为属于原始自然界的野蛮角力规则，根本不利于人类文明社会的发展。

二、"恕道"展示中国的态度

"宽恕"贯穿于沈阳军事法庭审判的始终，包括审判的前前后后，在抚顺战犯管理所羁押的日本战犯皆看到了中华人民共和国在对待战犯问题上宽广的胸怀。"恕道"在中国历史上源远流长，其内容是孔子思想的重要组成部分，也是儒家学说的基本精神之一。早在孔子之前就有"恕"的理念，孔子在继承前人思想的基础上，进一步赋予它更深刻的内涵，将其地位提高并使其体系化。"恕道"的精神主要体现在三个方面。

（一）己所不欲，勿施于人

孔子所言是指，人应当以对待自身的行为标准来对待他人。《楚辞·离骚》云："羌内恕己以量人兮。"汉代贾谊《新书·道术》云："以己量人谓之恕。"玄应《一切经音义》卷二引《声类》曰："以心度物曰恕。"王逸《楚辞章句》云："以心揆心为恕。"许慎《说文解字》云："恕，仁也。从心如声。"从其字形上看，"恕"为"如心"，如人之心，也就是宽仁之道，通俗来讲就是推己及人。自己不想得到的，也就不要强加于人；自己不想要别人如何对待自己，也就不要如何对待他人，换句话说，将心比心，依据自己的判断感受来推及他人的判断感受，从而对他人行善，即为"恕"①。可见，"恕"可以被看作古代的人道主义观点，也是古人的重要道德标准。

① 刘立夫、田瑶："儒家忠恕之道的伦理意蕴与当代价值"，载《湖南科技学院学报》2012年第1期。

“恕”的精神在审判日本战犯中也有明显的体现。我们国家从清代中后期开始就饱受战争侵害，我们的国土在近现代一直遭受着帝国主义列强的践踏，在中华民族最为屈辱的百年里，我们签订了极为不平等的条约，割让了大面积的国土，千千万万优秀的中华儿女丧失了生命。我们比谁都渴望平等和自由。但中国政府没有因为是战胜国就践踏战败国的尊严，作为传统的文明国家，即使是对战犯，依然会尊重其人权。在对日本战犯处理的问题上，中国政府展现了让国际社会诚服的风度，希望把宽宏大量、宽恕待人的精神传播给日本，甚至全世界。中国坚持人与人之间的平等，切勿将己所不欲施于人。

（二）躬自厚而薄责于人

“躬自厚而薄责于人”出自《论语·卫灵公》，其大概意思是在问题面前要多责备自己，而少责备别人。做一个君子，最重要的是对自己严格要求，而对他人则应当采取宽容的态度。面对他人的过错，尽量做到和缓宽厚。这样，就自然不会招致怨恨了。近代学者梁启超曾经说过：“君子接物，度量宽厚，犹大地之博，无所不载。君子责己甚严，责人甚轻。名高任重，气度雍容，望之俨然，即之温然。”梁启超认为君子应当有大地一样的胸怀，为人处世坦坦荡荡，才会得到世人的尊重和信任。谭嗣同也曾在《报贝远征》说过：“躬自厚而薄责于人，吾何暇计外洋之欺凌我，虔刘我哉？责己而已矣。”这反映出，中华民族在危难时刻愿意靠自强来摆脱跌宕起伏的命运，不会一味地怨天尤人。《菜根谭》中提到：“反己者，触事皆成药石；尤人者，动念即是戈矛。一以辟众善之路，一以浚诸恶之源，相去霄壤矣。”这就是说，人应当常常审视自己，遇到的任何事情都会是自己的醒世良药；而那些常常怨天尤人的人，心中的念头就是伤害自己的刀刃。中华民族的这种传统的精神，影响后人将宽宥的美德体现在每一个方面。

（三）己欲立而立人，己欲达而达人

“己欲立而立人，己欲达而达人”同时包括“推己及人，以仁传仁”的思想。我们可以把“己”和“人”视为一个相对的概念，“人”是“己”的一个反映，如果希望他人如何对自己，那么我们就需要如何对待别人。一个人自身道德素质的好坏往往制约和影响其行为的道德结果。在儒家“忠恕”体系中，如果将“己所不欲，勿施于人”比作消极的一面，那么“己欲立而立人，己欲达而达人”则可被视为积极的一面。《说文解字》中云：“忠，敬也。从心，中声。”孔子《雍也》篇云：“己欲立而立人，己欲达而达人。”忠者，心无二心、意无二意之谓。从其字形上看，“忠”为“中心”，中人之心，常言道尽力为人谋故为忠，也就是说仁德的人，自己想成功首先要使别人也能成功，自己想被人理解，首先要理解别人。[①] 我们审判日本战犯的目的不仅是要使已逝的灵魂能够昭雪，更重要的是希望这段历史能够被世人知晓，能够公之于众，让世界人民看到战争的代价，铭记历史。从此以后珍惜和平的生活，让以后的日子不再受战争的洗礼，灵魂和身体都不必再受战争摧残。

但是在“恕”的问题上，孔子并不赞成没有原则、无条件地宽容退让，在探讨“己”“人”关系时，孔子提出了“以直报怨、以德报德”的主张。[②] 所谓直者理义道德是也，不违义理方称直。以直报怨是指，从道德义理出发，该怎样对待就怎样对待，不受别人对自己仇怨的影响。以怨报怨万万不可取，它只能走向一种无休止的恶性循环。但是“恕”并不是一味地要求人宽容、忍让，也不是让人毫无原则地来原谅他人的过失，对此不能做庸俗的理解，如果遇事皆忍、“百忍成金”，甚至可以迂腐到“唾面自干”的地步，这实质上已远离了“宽恕”的真正内涵，是奴性意识的表现，在实际生活中十分有害，也是我们今天应予以抛弃的[③]。唯有坚持自己所恪守的原则才能真正做到与人为善，推己及人，以心度人。我们从孔子的恕道观也可以学习到凡事要讲究分寸，如果做出违背内在原则或者冲破道德底线的事情，就不需要一味地用“己所不欲，勿施于人”来约束自己。所谓“违仁不恕”就是这个道理。所以在审判日本战犯时虽然坚持了宽宥，但同时也从道德义理出发，让日本战犯受到应该承受的责罚。

① 刘立夫、田瑶：“儒家忠恕之道的伦理意蕴与当代价值”，载《湖南科技学院学报》2012年第1期。

② 田瑶：《“己所不欲，勿施于人”——儒家恕道思想研究》，中南大学2012年硕士学位论文，第9页。

③ 罗国杰主编：《中国传统道德·规范卷》，中国人民大学出版社1995年版，第126页。

第二节　生活关照是改造战犯的物质基础

1950 年 7 月，经中国与苏联两国政府的友好协商，苏联政府将日本战犯移交给中国。中央决定将接收战犯的任务委托给东北行政委员会，随后东北行政委员会又将任务交给了东北公安部。为了保证接收任务的顺利完成，我方做了周密的安排和准备。7 月 19 日，苏联运送战犯的闷罐列车，缓缓驶入了中国北方边境小城绥芬河市，列车中押送的就是本次移交的 969 名侵华日军战犯。根据双方协议，苏联将这批战犯连同战犯审讯材料，一并移交给中国政府。这些战犯当中包括：操纵伪满洲国大权并颁布大量法西斯法律、法令的武部六藏，制造大量无人区、实施“三光政策”的铃木启久，以活人当刺杀靶子的藤田茂，用中国百姓做活体实验、制造细菌武器的七三一部队的榊原秀夫等。

我方从接收战犯的那一刻已经开始贯彻人道主义原则。用苏联式无窗的闷罐车将战犯运送到抚顺非常安全，能够防止犯人逃跑，减轻我方押解的难度，但是考虑到 7 月天气炎热，乘坐闷罐车会非常不适，所以我方决定改乘普通客车，并准备了几个卧铺车厢，保证押解途中及时处理伤病战犯。同时，我方为了保证食品供应，在哈尔滨秋林食品公司订购了几千斤白面包、几百斤香肠。这处处都体现了我国的人道主义关怀。

这样的押解方式增加了我方接收工作人员的工作量，为了保障战犯不出意外，我方部分干部和战士坐在战犯列车的前一节车厢或后一节车厢，每一节车厢中都有电话，方便沟通联系。在行驶途中，战犯列车上的每节车厢的前后两排，都坐着我方的干部、战士。另外，为了防止战犯跳车等激进行为出现，每个战士、干部都学会使用车厢的手制闸。为让战犯们能暂时活动一下，并缓解厕所紧张等问题，在沿途大站还搭建了临时厕所，周围布置了充足的警戒，安排战犯在周围活动。为了保障押送的安全，时常要停车回避常规列车，所以列车行驶了 2 天，才到达抚顺东站。

我方接收的这批战犯顺利到达抚顺战犯管理所之后，管理所的工作人员在党中央政策的指示之下，在尊重战犯的人格、不打不骂的前提下，不仅在饮食方面特殊照顾战犯，而且在医疗方面也注重对战犯身体健康的护理，同时也准备了丰富的文体活动，使其在精神和身体上都有好的状态。

一、饮食方面的关照

从苏联手中接收战犯之后，在押解战犯的途中，我方就提供给战犯非常人性化的饮食，每天按时发放白面包和香肠，到了哈尔滨、长春等大站时，当地政府还准备热饭热菜，保证战犯的饮食安全和质量。

到达战犯管理所后，工作人员在饮食方面对战犯一直予以优待。周恩来总理指示，战犯管理所在生活上应该对在押战犯按照国际惯例处理，明确规定：参照战犯原有的级别，将战犯按照将官、校官、校官以下三个等级，参照我军的伙食供给标准，在餐饮方面实行三种待遇，要求全部供给细粮。具体是，凡将级和文官简任二等以上是小灶待遇；校级或相当于校级的文职官员是中灶待遇；校级以下是大灶待遇。即使是大灶也全部是细粮供应。周恩来总理在伙食上制定严格的标准，其实是对日本战犯改造的一个重要部分，但是因为管理所的干部都亲身经历过日本侵华，目睹了日本军人的残暴行为，对这一伙食标准还是很有意见的。有些干部气愤地跑到厨房，抓起给战犯准备的精粉面包片就吃，边吃边表达不满：“不吃白不吃，咱们吃了是为了干革命。他们吃了算干吗的！”① 针对工作人员的不满情绪，当时管理所所长孙明斋同志强调说：“战犯的伙食管理，是改造战犯的一项重要的物质保证工作，是党和国家对战犯实行革命人道主义政策的具体表现，它与教育改造等方面工作结合起来，才能构成改造战犯不可分割的整体。”② 从改造理论上来讲，生活细节方面的关怀确实也能拉进改造双方的距离。管理所在实际的伙食管理工作中始终都是按规定标准执行，并且在供给标准之内，还经常能够做到改善伙食。既能保证战犯们的身体所需营养，同时还要从生活上感化他们。通过伙食上的关照敦促其认罪、悔罪，从而推动改造工作的有效展开。

---

① 全国政协文史资料委员会编：《改造战犯纪实》，中国文史出版社 2000 年版，第 7 页。

② 全国政协文史资料委员会编：《改造战犯纪实》，中国文史出版社 2000 年版，第 166 页。

伙食管理工作人员在经过做工作之后，对待战犯伙食的态度有了转变，此后每餐的伙食做得更精细了，也更符合战犯们的胃口，战犯们由衷地感谢管理所的炊事员。因为改造工作的深入开展，战犯们的心理压力增大，开始出现失眠、高血压等病症，为了配合改造工作的进行，管理所调了一位专职医生做伙食管理的咨询师，做好战犯饮食的搭配。为了改善伙食，管理所特意修建了一处面包炉，烤制苞米面、高粱米面的各种面包；修建暖窖，在里面栽种蒜苗等新鲜蔬菜。

管理所在伙食方面注意照顾战犯的民族习惯，有时特意从沈阳三经街酱菜厂买来“大根”“甜蒜”“日本大酱”等具有日本民族风味的酱菜。在改造一段时间之后，管理所还组织战犯自己做打糕，既丰富了他们的伙食，也缓解了他们的紧张情绪。

管理所在逢年过节给战犯提供中国特色的饮食，正月初一吃饺子，正月十五煮元宵，端午节吃粽子，中秋节发月饼，这样贴心的关照，感动着这些在押战犯。战犯阿部说：“中国政府对我们实行的人道主义待遇，就是铁打的心肠，也会被融化的。”战犯菊池义邦说：“来到中国的前三年，我一直是反抗的。我的转变是从来所第三年的除夕开始的。那一天管教先生给屋里送来了一大堆花生和橘子。大家吃着的时候，我忽然想起了我当兵来到中国，对中国人民所犯下的不可饶恕的滔天大罪。自己理应受到严惩，可是，而今我却待在屋子里，吃得饱饱的，给耐洗的衣服穿。不管怎么反抗，一次也没有被斥责过。甚至把我的假牙也给修理好了。吃着送来的花生，我才忽然想到受着这样优厚的待遇。难道这是做梦吗？中国工作人员从来不说一句仇恨的话。我这样想着想着，忽然高兴起来了。我认识到了，这是中国人民把我从罪恶的深渊中拯救出来，唤起了我良心上的真正的转变。”① 这就是中国政府人道主义政策在战犯身上起了作用。这两名战犯发自肺腑的感谢其实也是所有战犯的心声，说明管理所重视伙食的重要性。在第二批被释放的日本战犯离开中国之前，给管理所写的感谢信中说：“……我们过去拿着杀人凶器侵入神圣的中国领土，公然地违反国际法和人道，把勤劳、朴素、热爱和平

① 全国政协文史资料委员会编：《改造战犯纪实》，中国文史出版社2000年版，第169页。

的中国人民当作敌人，加以逮捕、奴役、刑讯、强奸以致杀害，施以杀光、烧光、抢光的三光政策，而犯下了罄竹难书的罪行。在战败之后，不仅不知反省悔改，反而继续进行丑恶的反抗。但是，中国人民给我们的是什么呢？每年按季节给我们发崭新的可身的服装；按我们的生活习惯，给我们吃可口的日本饭菜；在严寒的冬天，还给我们吃暖窖里生产的新鲜的西红柿和其他新鲜蔬菜，连点心、水果、茶叶和香烟也都发给我们。……中国人民所给予我们的待遇，一贯是人道主义的、宽大的，正因为恩情过于深厚，使我们很难用自己拙劣的笔墨和言语说尽。”① 战犯个人和集体对于管理所伙食工作的肯定，说明负责伙食工作的人员用人道主义的精神，用真心感动了战犯，同时也配合了教育改造工作的顺利完成。

从实际来看，供应给战犯的这些饮食在中国当时都是难得的，所以都需要特批，战犯比管理所的管理人员伙食待遇都要好，管理人员一般是和百姓一样吃窝窝头、高粱米等粗粮，一周左右能吃上一顿细粮。尤其是 1959 年开始的三年困难时期，管理所干警吃粗粮都吃不饱，尽管如此，对战犯的伙食标准始终不变，而且副食的种类也很丰富。为了能收获更多的粮食，管理所干警带领战犯到农场劳动。每次去农场劳动都要干警自己从家里带午饭，这些午饭都是用代食品做的又黑又硬的窝头，而战犯的伙食仍是由管理所供给的精粉面包。平日里，干警们带的窝头都用包袱包着，避免战犯看见。但是有一天，大风刮走了一个干警盖窝头的包袱，而恰好这时一名战犯到地头喝水，意外看见了我们干警的午餐。干警们吃黑窝头的事情感动了战犯，中午吃饭时，战犯们主动提出和干警一起吃精粉面包。战犯们偶然发现的管理所干警的午饭的秘密，也深深地教育了他们。在晚上的学习讨论中，不少战犯表达说：“政府干部吃代食品窝窝头，让我们战犯吃精粉，这是亘古以来没有的事，也是任何国家都做不到的事。在鲜明对比之下，我更痛恨日本帝国主义，更痛恨自己过去的残暴罪行，也更感激中国政府对我们实行的人道主义待遇，更加感激中国工作人员对我们亲人般的关怀。”在交流、座谈之后，大部分战犯表示说：“中国政府为教育改造我们这些人改恶从善，走向

① 全国政协文史资料委员会编：《改造战犯纪实》，中国文史出版社 2000 年版，第 169 页。

光明，如同老师对待学生一样，费尽了心机。我们如若再执迷不悟，天理难容！”①

在生活中对战犯进行细致的照顾，减缓了战犯同我方管理人员的敌对情绪，我方工作人员逐渐将党中央改造战犯的政策贯彻到实际行动中，融入日常生活中，收到了良好的效果，有的战犯甚至主动认罪。

二、医疗方面的关照

中国政府从苏联接收了这部分战犯之后，就开始安排医务人员，保证他们的身体健康。在押解途中，我方医护人员对战犯开始进行医疗服务，体现人道主义关怀。据曾经担任过日本战犯护理工作的赵毓英老人回忆，负责日本战犯医疗的医护人员均是正规院校毕业的专业人员。在押解途中，医护人员需要定时在车厢内巡查，时刻关注日本战犯的身体状况。其中有几名战犯突发心绞痛，有几名战犯突发急性阑尾炎，我方医护人员均细致、周到地予以治疗。当然，赵毓英老人坦诚地说：“我从小受够了日本人的气，见到战犯成为我们的阶下囚，真是十分解气。不过，作为医护人员，我还是细心地照顾每一个发病的战犯，把他们顺利地送到了抚顺战犯管理所。”

为贯彻党和政府对于日本战犯的人道主义精神，东北卫生部从各医学院校抽调了26名医护人员到抚顺战犯管理所，组成战犯管理所的医疗卫生中心，负责保障日本战犯的身体健康。首先，这个特殊的医疗团队对在押战犯进行全面的体检，建立正规的病例，以便掌握并记录这批战犯的身体状况，为今后的工作提供依据。为了保证战犯的健康，管理所的医疗卫生中心专门建立了详细的规章制度。比如，“按不同季节、不同时期实施预防工作制”；“建设内外定期清扫消毒制（每周一次）”；“门诊和急诊工作制。战犯凡有不适，可随时到所内医疗室就诊，及时诊疗。急诊者不分昼夜，医务人员闻讯都及时赴监舍诊治”；“药品管理工作制。凡未经科学鉴定、疗效不确的药品，严禁使用；凡未经普及、副作用较大的药品坚持不用；凡未经医师签字、配伍不当的药品坚持不投”；“护理投药制。每个护理人员在向病犯投药前必须认真详

① 全国政协文史资料委员会编：《改造战犯纪实》，中国文史出版社2000年版，第171页。

细地核对番号，并做到送药到门、递药到手、服药到口”①。健全的医疗工作制度保障了战犯的身体健康，并对战犯的改造起到了重要的辅助作用。

第一次体检之后，管理所的医务工作人员发现数十名战犯患有肺结核，因为肺结核具有很强的传染性，所以管理所的医务工作人员及时隔离患者，并且及时进行了有针对性的治疗。因为肺结核患者体质虚弱，需要补充营养和长时间休息，所以管理所工作人员很注重这方面的工作。在医务人员和后勤保障人员的通力配合之下，肺结核患者逐渐痊愈。因为及时有效的隔离治疗，不仅保证了全体战犯免受传染，而且使当时难以治愈的疾病得到有效治疗，这使战犯深受感动。

管理所的医疗人员在医疗卫生方面用心对待日本战犯。在体检中发现很多在押战犯因为心理因素而患上了不同程度的高血压和其他心脑血管疾病，还有一些原官阶较高的战犯年龄较大，还患有动脉硬化、冠心病、肺气肿等多种老年性疾病，经过医务人员对战犯长期有效地测血压和对症药物治疗，战犯中高血压患者逐渐减少，动脉硬化等老年病也得到了很好的控制。

战犯管理所的医务人员，平时关照战犯的身体健康情况，定期给战犯们检查身体，做到有病能够得到及时有效的治疗。比如有的战犯因年老而牙齿脱落，影响正常的饮食，所以管理所调来一名牙科医生，专门治疗战犯的牙病，负责日常的镶牙等工作。还有的战犯视力模糊，不能清楚地阅读书籍、报刊，为了让他们能够很好地阅读和学习，眼科医生都给战犯及时配眼镜，矫正视力。

为了保障战犯的身体健康，管理所的医疗中心每周两次给战犯的监舍消毒，喷洒来苏尔药水，保障环境安全卫生。每年按季节给战犯注射流脑、伤寒、霍乱等疫苗，预防流行性传染病的发生。每年定期给战犯体检。

除了常规的医疗工作之外，有时还会有一些战犯有突发疾病，遇到这种意外情况，管理所本着人道主义精神，按照具体的规章制度及时转院治疗。1953 年夏天，温久达医生就遇到这样一件事。战犯安井清在走廊散步时意外跌倒，医务人员在诊治过程中，发现其左小腿有血肿，疼痛难忍。温医生在

① 全国政协文史资料委员会编：《改造战犯纪实》，中国文史出版社 2000 年版，第 125 页。

经过诊断之后，断定是骨折，并且当机立断将其送往当地医疗条件更好的抚顺矿务局总医院。到了医院之后，由于安井清无法自行走路，没有轮椅，又一时没有人手帮忙，温医生很着急，但是看到安井清痛苦的样子，温医生背起他，一直爬到了三楼。据温医生回忆，在他背安井清上楼时，突然感到自己的后颈部湿润了，接着又听到了啜泣声，原来是安井清被中国医生这种人道主义关怀所感动了，他颤抖着说："我深感自己太对不起中国人民了……"①

据时任松江省公安厅厅长赵去非同志回忆，有一次一名战犯突发急性阑尾炎，战犯管理所的医务人员准确诊断之后，发现情形很危急，随时有穿孔的可能，会有生命危险，医务人员马上用救护车将患者送到哈尔滨医科大学附属医院进行治疗，经过专家会诊，给患者做了手术，使其转危为安。对于战犯管理所的其他战犯而言，这是一次不小的触动，一部分战犯起初认为管理所将患病的战犯拉出去"处理"掉了，当他们看到这名战犯病愈归来，感受到了中国对他们的友好，态度逐渐开始转变了。

三、文体方面感化

组织战犯参加文体活动和轻体力劳动不仅能增强他们的体质，还能改造他们的思想。战犯管理所组织战犯参加糊纸盒等力所能及的劳动，并用所得收入改善他们的生活条件，让他们体会到劳动的乐趣和自身的价值。

大多数年纪较轻的战犯身体健康状况良好，特别愿意参加生产劳动。这部分人原是中下级军官或士兵，也会进行劳动生产。管理所把握这一实际情况，开展了评选优秀生产者的活动。经过各生产小组的推荐，在全体战犯的公平评比中，推选出 10 名"优秀生产者"。这部分在劳动中表现好的战犯，经过表扬之后，感觉得到了中国政府的肯定，进一步消除了改造的抵触情绪，干劲更足了。而且这种劳动不仅能锻炼身体，还能让战犯们有赎罪的感觉，减轻其心理压力，有利于自身改造。同时，这部分表现积极的战犯对于其他战犯也起到了示范和带动的作用。一些原来级别较高的战犯，最初对于劳动生产非常反感，经常编造各种理由逃避劳动。原伪哈尔滨高等法院次长横山

① 全国政协文史资料委员会编：《改造战犯纪实》，中国文史出版社 2000 年版，第 128 页。

光彦曾经不仅以“腰疼”为借口逃避劳动，而且质问管教人员劳动是自愿的还是命令。经过管理所干部做思想工作以及其他战犯的示范作用，最后他也能自觉地参加各项劳动了。

管理所也组织各种体育活动，放松战犯的身心，让他们感受新生的希望。最初管理所没有体育活动的场地，管理所的干部们带领着年轻的战犯铲平了院内的一个土丘，修建了一个宽敞的体育场，另外还修建了篮球场、排球场。经过一段时间的锻炼，战犯们的体能有了提升，身体素质更好了，管理所举办了一次运动会。运动会的入场式上，乐队奏响了雄壮的《解放军进行曲》，战犯们排着整齐的队伍参加了入场式，经过主席台时，主席台上的观众响起了热烈的掌声。运动会的召开，让战犯们感受到了管理所干警对他们的人道主义关怀，也感受到了中国政府对他们的公平对待，战犯们很受教育，为今后的认罪、悔罪奠定了重要的心理基础。

管理所也注意娱乐活动的开展。管理所干警组织战犯在广场上修建了一个露天舞台，并举办露天音乐会。音乐会能让战犯们进一步放松多年来紧张的心情，同时也更有利于心灵上的改造。在音乐会上战犯们非常感动，来岛和一名日本原下级军官凡山都在音乐会上做了即席发言，表达了自己的感想。他们回想起自己曾经在中国犯下的滔天罪行，对比如今，他们受到中国人民的人道主义待遇，感觉非常惭愧，并且表示，今后一定努力学习，认真悔罪，弃恶从善，以实际行动来报答中国政府和人民的恩情。作为主持人的一个战犯也发言说：“我们都应该好好考虑一下自己的身份，认真反省自己在中国所犯下的罪行，争取每天都有进步。明天、后天，每天都有提高。”① 音乐会作为一项集体活动，在让战犯们心情愉快的同时，也营造了一个放松的环境，在这种放松的情境中战犯们能够集中思考自己的行为，对比之前和目前的境况，因而非常有必要。而且在这种集体环境中，能够创造一种悔罪的氛围，让战犯们自发地反思、悔罪，在认罪较好的同伴的带动下，能够考虑自己如何重新做人。

① 全国政协文史资料委员会编：《改造战犯纪实》，中国文史出版社2000年版，第53页。

第三节　思想改造是关键环节

日本战犯长期以来深受日本军国主义思想的影响，对于战争的本质认识不清，对于战争的危害认识不到位，对于军国主义思想存在错误认识。

针对思想上的问题，周恩来总理指示战犯管理所的工作人员对日本战犯进行思想方面的教育，积极开展悔罪教育。毛泽东同志在《论持久战》中写道："日本军队的长处，不但在其武器，还在其官兵的教养——其组织性，其因过去没有打过败仗而形成的自信心，其对天皇和对鬼神的迷信，其骄傲自尊，其对中国人的轻视等特点，这是日本军阀多年的武断教育和日本的民族习惯造成的。"按照毛泽东同志的理论，战犯管理所的工作人员商议之后，将战犯按照其思想情况分为下层、中层、上层和顽固分子四个层次，根据每个层次战犯的思想特点和改造情况，有针对性地进行思想改造工作。

一、知悉侵华的本质，学习《帝国主义论》

战犯管理所的干部将列宁同志的《帝国主义论》的主要内容讲给战犯们听，使其认清日本帝国主义的本质，以及其发动侵略战争的根源，进一步认识日本在中国及邻国犯下的累累罪行。思想工作需要细致地展开，为了加强学习效果，战犯管理所由浅入深地引导其悔罪、认罪。首先，管理所干部选择了 14 名校级以下战犯率先开始学习，而后循序渐进，由点带面，逐渐从低层次到高层次学习，最后扩展到全体战犯分批次全部学习完毕。

列宁的《帝国主义论》阐述了帝国主义的本质，列宁认为："帝国主义是发展到垄断组织和金融资本的统治已经确立、资本输出具有突出意义、国际托拉斯开始瓜分世界、一些最大的资本主义国家已把世界全部领土瓜分完毕这一阶段的资本主义。"[①] 战犯管理人员进一步结合日本的发展，对日本帝国主义进行了阐释。日本在经历了明治维新之后，其国家已经向资本主义转

---

① 中共中央马克思恩格斯列宁斯大林著作编译局编：《列宁专题文集——论资本主义》，人民出版社 2009 年版，第 176 页。

型，并且建立了系统的资本运转体系。在发展到一定阶段之后，日本资本主义发展遇到“瓶颈”，也是到了另一个发展阶段，需要大量的资本输出，强化垄断的地位。恰好此时世界范围内出现了瓜分殖民地的热潮，日本则快速加入其中，与德国、意大利等其他帝国主义国家结成联盟，发动对中国等弱小邻国的侵略战争，使邻国朝鲜成为其殖民地，也将其他邻国压迫成半殖民地、附属国等。也正如列宁在《帝国主义论》中所阐释的，资本唯利是图的本性使得“只要生产资料私有制还存在，在上述这样的经济基础上，帝国主义战争是绝对不可避免的”①。战犯管理人员结合日本的帝国主义道路，进一步分析了帝国主义的发展趋势。瓜分邻国及其他国家领土只是资本主义推行全球霸权的初步，其后各帝国主义国家之间也可能由同盟走向对抗。出于维持生存和发展的需要，战争将仍然是日本推进帝国主义行径的主要手段。列宁在《帝国主义论》的序言中说：“我希望我这本小册子能有助于理解帝国主义的经济实质这个基本经济问题，不研究这个问题，就根本不会懂得如何去认识现在的战争和现在的政治。”② 列宁在《帝国主义论》中表述：“最新资本主义时代向我们表明，资本家同盟之间在从经济上瓜分世界的基础上形成了一定的关系，而与此同时，与此相联系，各个政治同盟、各个国家之间在从领土上瓜分世界、争夺殖民地、‘争夺经济领土’的基础上也形成了一定的关系。”③ 列宁认为，从发展趋势上看，帝国主义是衰朽但还没有完全衰朽的资本主义，是垂死的但还没有死亡的资本主义。战犯管理所的干部在给日本战犯阐释了帝国主义发展趋势及其嬗变之后，使战犯能够结合现实，认识到日本发动侵略战争的本质，以及日本帝国主义发展的末路。

据抚顺战犯管理所的董玉峰干部回忆，日本战犯初到管理所时，气焰非常嚣张和反动，原日本宪兵少佐绫真喜雄居然带头闹监，在当时战犯群体中影响非常不好。所以，管理所领导决定对他们进行一次思想教育。董玉峰干

① 中共中央马克思恩格斯列宁斯大林著作编译局编：《列宁专题文集——论资本主义》，人民出版社 2009 年版，第 101 页。

② 中共中央马克思恩格斯列宁斯大林著作编译局编：《列宁专题文集——论资本主义》，人民出版社 2009 年版，第 99 页。

③ 中共中央马克思恩格斯列宁斯大林著作编译局编：《列宁专题文集——论资本主义》，人民出版社 2009 年版，第 105 页。

部首先告诉日本战犯，日本帝国主义发动的战争是非正义的，现在美国帝国主义发动攻打朝鲜的战争也是非正义的，其失败是必然的。

通过引导日本战犯学习列宁的《帝国主义论》，多数日本战犯认识到了日本军国主义的本质就是与德国、意大利相同的帝国主义，其就是国家中少数人为了垄断经济利益的需要。管理所的干部在带领战犯学习《帝国主义论》的同时，对于战犯们对战争性质等问题的疑虑，继续组织学习和讨论，从而在心理上减少了改造的抗拒情绪。主要是战犯们认清了日本帝国主义的本质和发动侵华战争的根源，更深入地认识了日本军国主义的侵华罪行。

二、了解受害国的反抗，学习《论持久战》

战犯管理所还组织日本战犯学习了《实践论》《矛盾论》《新民主主义论》《论持久战》等。日本战犯对毛泽东的《论持久战》非常感兴趣，因为这篇文章中的理论颠覆了他们对于侵华战争的认识。《论持久战》是一部军事著作，书中以灵活的辩证唯物主义方法，阐述了“以弱胜强”的理论，有力驳斥了日军所宣扬的速胜论。对于这场战争，日本战犯是亲历者，但是他们接受的思想与我方截然相反，他们对战争的态度与我方完全相反，所以他们非常想知道日本发动的侵略战争失败的原因。《论持久战》写于日本侵略者发动卢沟桥事变后 10 个月左右，当时的日本政府宣扬“三个月灭亡中国”。当时的形势是东北、华北、华东等地失守，中国的抗战经济力量减弱；国际上，“轴心国”的法西斯同盟已经形成。毛泽东同志用历史唯物主义的视野，综合考虑战争中军事和非军事的因素，分析了战争中双方的优势变化，提出了赢得战争的战略和策略。在日本侵华初期，就能够提出如此有前瞻性的策略，使日本战犯深为敬佩。《论持久战》论证了形成最广泛抗日民族统一战线的现实性问题，并且认识到抗日战争是中国人民争取民族独立的反法西斯战争，同时也是半殖民地半封建社会的国家人民反抗资本主义掠夺的战争。日本战犯对比先前自身的侵略行为，逐渐认识到日本发动的战争是非正义的侵略战争，认识到这种非正义的战争势必导致失道寡助。

同时《论持久战》也提出，日本侵略者在发动战争之前，已经做了相当多的准备，且我国目前尚未形成抗战的合力，所以胜利不能一蹴而就，需要经过艰苦卓绝的战斗才能成功。毛泽东同志在《论持久战》中实事求是地分析了影响中日双方胜负的具体因素。日本方面为“一长三短”[①]。“一个长处”：日本目前是强大的帝国主义国家，经过积累已经拥有较强的军事、经济以及政治组织的能力。日方“三个短处”：第一，其帝国主义性质已经决定了其社会历史发展的退步性和野蛮性，同时也必然激起“三大对立”（日本国家内部阶级对立、日本和中国两国之间的对立、日本和其他国家之间的多方对立）；第二，先天不足（地小、人少，战争的军力、财力、物力均缺乏），经不起长期的对外战争；第三，日本虽然得到了国际法西斯的援助，但是得到的援助力量远远小于国际上的反对力量。相反，中国方面则是“一短三长”[②]。“一短”：我们国家是半殖民地半封建的弱国，军事、经济以及政治组织能力尚不如敌人。“三长”：第一，抗日战争具有正义性和进步性，中国人民和中国的军队在中国共产党的领导下，得道多助；第二，相对于日本国家而言，中国毕竟地大物博，而且人多兵多，能维持长期战争的补给；第三，能争取到国际援助以及世界范围内人心支持。毛泽东认为，“战争就是这些特点的比赛”。[③]

日本战犯在学习《论持久战》之后，对战争的性质进行了讨论，在讨论与学习的过程中，日本战犯明白抗日战争是一场人民战争，中国共产党深入群众、发动群众，以全国人民为基础形成人民战争的局势，争取到了战争的最后胜利。日本战犯也明白，抗日战争是一场正义的战争，中国军队抵抗日本侵略者，是争取民族独立，是正义之师；是无产阶级对抗资本主义的阶级斗争，是革命的进步之师。战犯们彻底清楚，抗日战争的胜利是中国军队得到了人民的强大支持，是人民的强大力量反抗了日本侵略者残酷的镇压，日本侵华的理论根基，如武士道等军国主义思想严重坑害了他们。

对战犯进行思想改造的目的是让他们认识到自己的侵略罪行，所以在学习过程中，我方设计了讨论和互动环节，促使日本战犯能够深入剖析自身的罪恶，进一步认识侵略战争的非人道性。针对日本战犯的思想状况，战犯管

① 毛泽东：《毛泽东选集》，人民出版社1991年版，第448页。
② 毛泽东：《毛泽东选集》，人民出版社1991年版，第449页。
③ 毛泽东：《毛泽东选集》，人民出版社1991年版，第450页。

理所的工作人员设计的讨论题目是：（1）谁把日本平民推上了战争犯罪的道路？（2）应该如何看待战时天皇？天皇应否承担战争责任？为何充当了天皇的牺牲品？（3）如何能结束监狱生活，重新迈向新生？[①] 每经过一次讨论，都会有新的战犯认识到自己的罪行。日本战犯逐渐都认识到，只有正确地认识侵略战争的性质，坦白交代自己的战争罪行，才能得到中国人民的原谅和宽恕，才能重新做人。1951 年元旦，战犯有田香等人给管理所所长孙明斋同志写了一封信，信中对中国政府和中国人民对他们战犯的宽大处理，管理所对他们实施的人道主义待遇表示感谢。并且表示，今后要继续努力学习，忏悔过去在中国所犯下的罪恶。经过系统的学习，战犯纷纷主动坦白自己的罪行，对后期的刑侦工作有非常大的帮助。

三、清楚国际法规则，认识自身罪行

除了学习名著之外，战犯管理所还组织日本战犯学习国际法知识。针对日本战犯所说的“你们是战后新成立的国家，无权关押我们，你们违反了国际法”这类不接受我方审判的激进言论，我方有的放矢地对日本战犯进行国际法方面知识的普及，让日本战犯清楚，任何在战争中受害的国家都有审判战犯的权利，并有对在战争中犯有战争罪、破坏和平罪的战犯进行关押和改造的权利，让日本战犯接受由中国审判的事实。

战犯管理所的工作人员从国际社会对战争的态度入手，给日本战犯梳理了国际社会争端解决公约的产生、发展，明确了战争责任确认、承担规则，最为重要的是，日本也是这些国际公约的合约国。在 1899 年和 1907 年海牙和平会议中，世界各国在经历了第一次世界大战的蹂躏之后，均不同程度地受到了人口、社会等方面的伤害，因此，世界各国召集国际会议，希望以制度的方式来限制或阻止战争的发生。经过各主要国家的努力，海牙会议通过了一系列的国际公约，在 1899 年达成《和平解决国际争端公约》（通称第一公约）之后，在 1907 年又通过《限制使用武力索取契约债务公约》（即第二

① 全国政协文史和学习委员会编：《回忆改造战犯》（上），中国文史出版社 2013 年版，第 21 页。

公约)，禁止国家间以武力的方式解决国际争端。经过第一次世界大战，世界各国均感受到了大规模世界战争的威胁，以及由此带来的损害，因此意识到随着人类文明的进步，国际社会应该采取措施将争端解决机制纳入规范的轨道中来，即应该制定具体的争端解决规范，并就战争的非法性进行了界定，只有维护国家生存以及抵抗外来侵略的战争才不是非法战争，其余战争均属于非正义且非法的战争。会议还就惩治战争责任国的暴行达成一致，即要求战争责任国对受害国进行赔偿。

1928 年制定的《巴黎非战公约》，即《关于废弃战争作为国家政策工具的一般公约》，是摈弃国家战争权的国家法律文件之一。《巴黎非战公约》分为序言和条约正文。序言声明：各缔约国“所有各国关系之变更，只可以和平方法使其实现……由是世界文明各国联合，共同斥责以战争为施行国家政策之工具。”《巴黎非战公约》第 1 条规定：“缔约各国兹郑重宣告：彼等罪责恃战争以解决国际纠纷，并斥责以战争为施行国家政策之工具。”第 2 条则规定：“缔约各国互允：各国间如有争端，不论如何性质，因何发端，只可用和平方法解决之。”因此，《巴黎非战公约》中，禁止战争的思想首次在世界范围内得到确认。可以说，该条约是人类历史上首次禁止以战争作为国际争端解决方法的多边公约。也就是说，发动战争解决国家间的争端或推行国家政策不再是任何国家的合法权利。《巴黎非战公约》在公布之后，包括日本在内的 63 个国家批准和参加。该条约成为第二次世界大战之后纽伦堡国际军事法庭确定战争犯罪的一个法律依据。

因为德国和日本都加入了《巴黎非战公约》，所以都有遵守该条约的义务。由于《巴黎非战公约》的内容包含“斥责战争”，并且要求国家放弃“诉诸战争权”字样，因此，纽伦堡国际军事法庭的法官们得出结论：在《巴黎非战公约》得到世界各国认可之后，侵略战争在国际法上被视为违法。纽伦堡国际军事法庭的判决是：“郑重地斥责战争为推行国策之工具，其中必然包括承认战争在国际法上是违法的原则；凡从事于策划和执行这种产生不可避免的可怕结果的战争者，都应该视为不法行为。被当为解决国际纠纷中推行国策工具的战争，其中必然包括侵略战争，因此侵略战争正是公约所视为违法的。”因此，“法庭宪章并非战胜国方面权力之武断的行使，而是宪章制定颁布时现行国际法的表现”。纽伦堡国际法庭为了证明“二战”时的侵略战争是犯罪行为，列举了一系列重要的国际法律文件。

（1）1923 年国际联盟所倡导的“互助公约”草案。该草案开宗明义第 1 条便宣称：“侵略战争是一种国际罪行”，“任何缔约国不得犯此罪行”。

（2）1924 年的《和平解决国际争端议定书》，也称为《日内瓦议定书》，认定侵略战争是国际性犯罪。议定书序言中明白宣布：“侵略战争乃是（国际社会成员间）团结之破坏，是一种国际性的犯罪。”这个议定书在国联大会里曾获得 48 个会员国的签字，包括日本在内。该议定书具有重要的历史意义，如纽伦堡法庭上法官所说：“它可视为有意要把侵略战争标明为国际罪行有力证据。”

（3）1927 年 9 月 24 日，国联大会会务国代表（其中包括德国、意大利、日本三国的代表）全体一致通过的一个决议案。其序言宣布：“侵略战争永不应被使用为解决国际纠纷的手段，故是一种国际的犯罪。”

（4）1928 年 2 月 18 日，美洲 21 国在古巴首都举行的第六次泛美大会中全体一致通过的一个决议案。该决议案宣称：“侵略战争构成对人类的国际罪行。”

（5）1920 年 1 月 10 日，《协约国和参战各国对德和约》即《凡尔赛条约》第 227 条明确规定将威廉二世认定为战争罪首犯，并要将其当众处死，是由于第 228 条规定：“德国政府承认协约国和联合政权有权将违反战争规则和习惯实施的犯罪行为之人提交军事法庭，如果确认这些人有罪，则依据法律判处刑罚，这一规定适用于德国和其同盟国境内法庭的任何诉讼和执行程序。”第 229 条规定：“被认定实施了针对协约国和联合政权任一国家国民的有罪之人，都将受到该国军事法庭的审判。”

以上 5 个国际法律文件是第一次世界大战之后，当时各个主要国家从国家安全、争端解决等方面达成的共识，是此后各国家之间互相承认的条约或国际惯例。

战犯管理所的工作人员将战争给人类造成的伤害进行深入的分析，使日本战犯重新认识日本侵华战争。从历史上看，战争给人类社会造成了巨大的破坏。在最初的人类社会中，没有对战争做出具体的限制和规范，但是随着社会的发展，战争给人类社会造成的伤害越来越大，所以部分国家主张限制战争，其主要方式是谴责战争的“非正义”方，或者是增援战争的“正义”方，在这种形式下，就出现了对战争正义与否的判断。这种对战争的价值判断并不能禁止战争的出现，所以战争一直存在于人类社会发展过程中。在西方工业革命之后，各国家之间的利益争端频繁发生，无法判断“正义”与否，并且因为武器的更新，其杀伤力更大，给战争双方都带来毁灭性的破坏。以第一次世界大战为例，最初仅源于两国之间的争端，但最后战火燃烧到38个国家，使15亿人口卷入战争之中，这场战争使欧洲、亚洲、非洲、美洲全部被波及。在战争过程中，参战国为了取得胜利，不断研制新的武器，不断使用新的作战手段，使数以百万计的士兵被俘、数以百万计的平民和士兵被杀，给人类社会带来了深重的灾难。为了避免战争的重现，第一次世界大战结束之后，人类社会开始努力通过规则和制度来限制战争，最主要的方式是缔结国家间的和平条约，并确认“侵略”为国际公认的罪行。

战犯管理所的工作人员首先将第二次世界大战欧洲战场的审判情况进行了分析，并且告知日本战犯纽伦堡审判的实际情况。在纽伦堡法庭上，审判者已经达成共识，“……从事侵略不仅是非法的，而且是犯罪的。本法庭刚才提到的一系列的公约和条约表达了世界上的良知关于禁止侵略战争的要求”。而且纽伦堡审判已经明确侵略必须承担刑事责任，因为侵略战争构成了反和平罪。其后，战犯管理所的工作人员也将第二次世界大战亚洲战场的审判情况进行了分析。工作人员告知战犯，日本发动了对邻国的侵略战争，并将战火烧至整个亚洲大陆，给各国人民带来了深重的灾难。驻扎在日本的盟军最高司令官是美国的麦克阿瑟将军，麦克阿瑟虽然最初主张由美国对日本战犯进行单独审判，但遭到了其他各国代表的强烈反对，所以由各战争受害国组成专家代表团共同审判日本战犯。在东京审判中，日方从美国聘请了知名律师为战犯辩护，辩护方提出战争属于“国家行为”，战争中的个人无须承担刑事责任。经过激烈的辩论，参与东京审判的11个法官，除印度的法官之外，其余10国法官均认定日本发动的侵略战争属于国际法上的罪行，所有被告人也都负有个人刑事责任。最终，东京审判判处东条英机、广田弘毅、土肥原贤二、板垣征四郎、木村兵太郎、松井石根、武藤章7人绞刑，判处荒木贞夫、桥本欣五郎、畑俊六等16人无期徒刑，判处一部分战犯有期徒刑。在听到东京审判的消息之后，日本战犯对日本侵华战争的性质有了更多的反思。这部分战犯也意识到国际军事法庭和战争犯罪所在地、所在国家都有权对侵略战争中有犯罪行为的战犯进行合法审判。

同时，在教育改造日本战犯的过程中，对日本战犯进行了科学社会主义理论的教育，对世界革命发展前途、中国革命经验的内容进行了学习，使在押的日本战犯深受教育。

第四节 接受现实教育是改造的创新之处

1956年春天，中央向战犯管理所传达了周恩来总理的指示，要让战犯到基层社会去参观，接受现实的教育。这其实既是群众路线在中华人民共和国监狱史上的实施，更是群众路线在战犯改造中的实践，力争依靠群众的力量教育战犯，用社会实际的发展教育战犯、改造战犯。被关押十余年的日本战犯听到中央的这一决定之后非常兴奋，因为终于可以走出管理所大门，也可以验证管理所干部平时教育的内容是否真实。

一、感受中国的工业化速度

为了使社会参观学习取得更好的效果，管理所的干部精心设计了参观路线。首先带领战犯参观中华人民共和国的工厂，让他们看到我们工业的飞速发展。第一站是鞍山钢铁公司（以下称鞍钢）。鞍钢的前身是伪满时期成立的鞍山制铁所和昭和制钢所，于1916年建成投产使用，在日本侵华期间完全由日本人控制其核心技术。选择参观鞍钢的目的很明确，就是让战犯知道，没有日本人的参与，中国工业能发展得更好。事实上，1948年鞍钢正式成立，成为中华人民共和国第一个恢复建设的大型钢铁联合企业和最早建成的钢铁生产基地，其后被誉为“中国钢铁工业的摇篮”“共和国钢铁工业的长子”。1956年，战犯管理所组织战犯去参观时，战犯看到鞍钢新建成的9号高炉，表现出由衷的钦佩，鞍钢的发展对原任伪满总务厅次长的古海忠之冲击非常大，他从没想过中国人能独立控制鞍钢正常运转。这次对中华人民共和国工业的参观，不仅使战犯们见证了中国的工业化速度确实和报纸上报道的一样快，而且也认识到日本对中国确实是侵略而不是其所谓的帮助，从而促进其悔罪和改造。

二、了解中国农民的战后新生活

管理所的干部安排战犯参观中华人民共和国的农村，让他们了解中国农业发展的现状和百姓生活的状况。战犯和百姓们进行了面对面的交流，村民们不仅讲述了自己在日本侵华期间所遭遇到的痛苦，也讲述了中华人民共和国成立后的幸福生活。战犯们也亲眼看到村民们吃的是白米饭，整体居住环境和生活环境都较之前有明显改善。经过实地参观考察，战犯们对中华人民共和国成立前东北农村愚昧落后的印象有了颠覆性的改变。经过到农村参观农民的生活现状，战犯对日本发动侵略战争的性质有了正确的认识，也意识到其侵略行为对中国百姓造成的重大伤害。

管理所安排战犯参观沈阳郊区大青村高级社时，古海忠之看到中国农村的巨大变化时感慨不已，同时，又对自己之前的行为感到愧疚，就问一位社员大娘："如果过去压迫和剥削你们的日本人，现在就出现在您的面前，您将会怎么样？"没想到这位大娘说："想起旧社会受的苦，我感到很难过，我恨透了日伪时期那些坏蛋。一小撮日本帝国主义的头目是坏的，但是日本人民是好的。即使是一些日本人在中国做了坏事，只要他们肯觉悟过来，我们还是欢迎的。"[①] 古海忠之等几名日军原校级战犯非常震惊，痛哭流涕地跪在大娘面前，说："我们就是过去压迫剥削中国人民的战争罪犯，使您吃尽苦头的责任，也有我们一份啊！"大娘让他们起来之后说："中国共产党的政策是坦白从宽，抗拒从严，只要你们好好坦白，好好改造，我相信我们党和政府会宽大你们的。"农村大娘表现出来对战犯的谅解和对日本人民的友好让古海忠之等人非常受教育，让他们重新认识了政府与百姓的关系。所以，实

① 全国政协文史和学习委员会编：《回忆改造战犯》（上），中国文史出版社 2013 年版，第 75 页。

地考察过程中善良的中国百姓对战犯的态度也有助于战犯悔过。古海忠之在被释放回国之后就此远离了政治，积极从事基层的经济工作。

三、正视日本侵华给中国人民带来的伤痛

管理所的干部们还安排战犯参观了一些抗战纪念馆，让日本战犯们了解自己以及自己国家所犯的罪行。战犯们首先就近来到抚顺平顶山惨案纪念馆参观，平顶山惨案纪念馆的展品全面展示了日本侵华的本质和罪恶行径。

日本侵华的一个重要目的是攫取中国的矿产资源。1931 年，“九·一八”事件发生后，日本开始对中国东北进行大肆掠夺，抚顺有丰富的煤炭资源，其露天煤矿是日本攫取中国资源的一个非常重要的目标。当时中国东北很多青壮年劳力都被日本人控制的宪兵队抓去做苦力、当矿工，这些矿工在工地遭受着非人的折磨，且不知如何反抗。因为国民党政府无暇顾及东北，所以也无法拯救这些被日本人奴役的苦力。煤矿的苦力，乃至整个东北的人民的救星只有抗日义勇军。

1932 年中秋节的晚上，东北人民自发组成的南满抗日义勇军突袭了日军的抚顺露天煤矿据点，随后双方在平顶山村遭遇并展开战斗，南满义勇军击毙 13 名日军守备队员和日军采炭所所长渡边宽一，取得胜利后，义勇军转移到新宾县。日军的增援部队赶到之后，义勇军已经没了踪影，于是他们将平顶山村团团围住，并且将 3000 多名没有任何武装的和平居民赶到一起，集中用机关枪屠杀。据平顶山大屠杀幸存者方素荣介绍，当时仅有 5 岁的方素荣被爷爷用身体压在了身下，幸免于难，但是当晚上醒来时，发现自己身上有 8 处枪伤，1 处刺刀伤，自己身边卧着 3000 多具尸体。方素荣和侥幸活下来的 100 多名村民四处逃亡，但因为幸存者身上都有枪伤或刺刀伤，逃亡路上又有很多人死亡，最终活下来的只有 54 人。因为实施屠杀行为的日军保密工作做得很好，所以平顶山惨案不被外人熟知，日本战犯听了屠杀亲历者的控诉之后，在场的 300 多名战犯全部跪倒，向当事人认罪，请求中国政府给自己判处死刑。并且在回到战犯管理所之后，这些日本战犯仍然因为内疚而无法用餐，可见，实地的参观让这些战争的发动者和实施者能更直观地感受他们的侵略给中国百姓带来的巨大伤害，有助于他们的悔罪、认罪。

其后战犯管理所又带领部分战犯到南京大屠杀纪念馆参观。南京大屠杀是第二次世界大战中的三大惨案之一，中华人民共和国成立之后在侵华日军集体屠杀中国军民遗址和遇难的同胞丛葬地设立南京大惨案纪念馆，后来扩建并更名为“侵华日军南京大屠杀遇难同胞纪念馆”。南京大惨案纪念馆是日军侵华的罪证，战犯管理所的干部带领战犯到此参观，使其认识到战争的残酷和日军的凶残。纪念馆的工作人员结合大惨案的历史资料，对日本战犯进行了血泪的控诉。1937 年 12 月 13 日，侵华日军第六师团中将师团长谷寿夫首先率部攻入南京城，对已经放弃抵抗的南京城及附近地区进行了有预谋、有计划、有组织的大屠杀，同时日军还肆意杀人、放火、抢劫、奸淫，惨绝人寰的大屠杀持续 6 周之久。没有亲历大屠杀现场无法感受日军行为的残酷和狠毒。据后来政府调查和亲历者描述，南京大屠杀最惨厉的时间是 1937 年 12 月 13 日至 22 日，侵华日军在南京中华门外花神庙、宝塔桥、石观音、下关、草鞋峡等处，将我国被俘的军民集体用机枪屠杀，并浇上汽油焚尸灭迹，据统计，这几处大规模屠杀遇难人数有 19 万余人。此外，日军还进行杀人比赛和零星屠杀，国际慈善组织掩埋被杀中国人尸体 15 万余具，日军总共屠杀中国军民总数在 34 万人以上。更为残忍的是，12 月 15 日下午 1 时，日军俘获中国军人和警察 2000 余名后，押赴中华门外，使用机枪扫射，大部分军警殒命，其中侥幸负伤未死的，也全部被日军活埋。12 月 18 日夜里，日军又将囚禁在幕府山的中国军民 67418 人用铁丝捆绑，并驱逐至下关地区的草鞋峡，使用机枪射杀后，又将倒在血泊之中还能挣扎的人，全部用刺刀捅死，并将中国遇难军警尸体全部用煤油浇灌后焚化。更加触目惊心的是，侵华日军在中华门外，抓到少女后就地轮奸，之后又迫使路过的僧侣继续与被强奸少女行奸，僧侣们拒绝，竟然被割掉生殖器致死。虽然国际组织出于人道主义原则，在南京城中划出固定地域作为安全区，但是日军不顾国际约定和人道主义原则，恣意杀害、强奸中国居民。看到南京大惨案的历史资料，同时又经过惨案亲历者的血泪控诉，日本战犯流下了悔恨的泪水。

目睹自己当年的犯罪现场，日本战犯们感到无地自容。原来始终不认罪，且多次寻衅闹监的鹿毛繁太深受教育，他深有感触地说：“在辽阔的中国土地上，没有一寸土地不渗透着被杀害的中国爱国志士的鲜血，也没有一个地方不埋葬着惨遭杀害的中国人民的白骨。这使我更认识到自己过去罪行的严重性，也更加使我对魔鬼般的帝国主义抱有无限的愤怒和憎恶。我要自觉地继续清除我的帝国主义思想，重新做人。"①

在进行了实地参观之后，战犯们感受到了中国共产党领导下的中华人民共和国发生的巨大变化，也深深感到自己对中国人民所犯罪行的愧疚。一名战犯说："过去听人唱《没有共产党就没有新中国》这首歌，感到刺耳，还不服气。参观后确实感到，没有共产党，真就不可能有新中国!"他的发言引起了共鸣，另一名战犯也表示这次实地参观深深地教育了他，并表示："我们是战争罪犯，对中国人民犯下了滔天罪行。我越是受到中国人民的优厚待遇，就越感到对不起中国人民。我们应该受到正义制裁，就是判刑或处以极刑，我也甘愿接受正义的制裁。"②

第五节　战犯改造成效显著

一、战犯主动坦白、揭发罪行

中国政府改造战犯的工作是成功的，具体表现为战犯中日本原中下级军官和士兵在经过教育之后，思想有了相当大的改变，不仅自觉承认自己在侵华期间所犯下的累累罪行，还能够积极勇敢地揭发他们原上级的罪恶行径，使其无处隐藏，为中国检察部门其后的刑侦工作提供了充分、准确的证据。

时任战犯管理所所长的孙明斋回忆道，当时有一名原日军中尉，他就曾在会议上面对面揭露其上司的罪行。这名中尉说："我当候补生的时候，就受过少校的训练。你当时任训练大队副，亲自指挥我们，把俘虏当成活靶子练习刺杀。现在，你为什么还不主动认罪呢?"被指认的原少校瞪着眼睛反问："是吗？我怎么不记得了呢！连贯君你，我也好像不认识。"面对这一情

① 全国政协文史资料委员会编：《改造战犯纪实》，中国文史出版社2000年版，第59页。
② 全国政协文史资料委员会编：《改造战犯纪实》，中国文史出版社2000年版，第59页。

况，这名原中尉气愤地说："想不到你这样顽固！你指挥我们刺死了那么多人，竟然说记不住了，你还有良心吗?"接着，这名原中尉把当年刺杀中国战俘的时间、地点和参加者都说了出来。最后还流着泪对原少校说："受害的中国人民如此宽宏大量，衷心期待我们能早日成为新人。可是你呢？如果你确实感到自己应负教官的责任，那就应该主动认罪，向中国人民请罪，给我们这些部下做认罪悔罪的榜样。"这位原少校听到原部下讲的句句是实话，深受触动，随即低下头，惭愧地说："我有罪，我不仅让学员用俘虏做刺杀训练，我还亲自示范杀害中国人。"战犯中日军原下级军官和士兵的认罪态度，带动了战犯中原校级以上官员的认罪，他们也确实感到，如果再不认罪，确实对不起中国政府和中国人民。

随后，战犯中日军原校级以上军官开始纷纷交代自己的罪行。其中伪满洲国国务院总务厅原次长古海忠之所受影响最大。古海忠之曾是日本侵略者安置在伪满洲国的最高领导之一，直接操纵伪满洲国傀儡皇帝溥仪的行为，他在战犯中影响最大。最初，古海忠之坚定地追随日本天皇，但经过改造，他的思想发生了彻底的转变。在一次战犯全体大会上，古海忠之主动发言，在大会发言之前，主动向管理所干部深深鞠躬，随即语调颤抖地发言说："我犯下了极为严重的滔天大罪。我向中国人民真诚地谢罪！我向给我以机会，指导我反省，并使我恢复了人性的中国人民和管理所的各位先生，表示真诚的感谢!"说完这段话，他又深鞠一躬。会场上非常肃静，因为古海忠之是在押日本战犯中的灵魂人物，所以其他在押战犯都很关注他的表现。接着，古海忠之又说："过去我认为，让中国人遭受种种灾难、悲惨和不幸，是为了日本的利益，也为了自己荣宗耀祖。现在我已认识到，我简直是一个失去了人性不知羞耻的恶魔，是一个不可饶恕的战争罪犯。同时，日伪许多官吏贯彻执行我制定的法令，犯下了各种罪行。对此，我是应负重大责任的。我还认识到，我是推卸不了夺去上千万中国人宝贵生命，掠夺了中国几百亿美元财富的重大责任的。"接下来他交代了自己的一桩桩罪行，越讲感觉自己的罪行越严重，是不可饶恕的，最后忍不住哭了起来，边哭边说："现在，我向中国政府和中国人民衷心地谢罪。我在中国犯下了人类所不能容忍的罪行。我请求中国给我以正义的制裁，追究我的全部罪责，并处我死刑，以教育日本的后一代，不再走我的罪恶道路。”① 古海忠之悔罪的态度非常诚恳，发言完毕之后，把头弯到膝部，双手垂下，表达深深的忏悔。

1954 年开始，周恩来总理指示要对日本战犯开展刑侦工作，要求最高人民检察院成立东北工作团，由最高人民检察院副检察长、审讯专家谭政文任团长，如实调查清楚在押战犯在中国犯下的主要罪行。3 月，最高人民检察院东北工作团来到抚顺战犯管理所，开始了刑侦工作。同时，中央决定，准备对日本战犯进行审理，最高人民法院非常重视此项工作。

调查日本战犯罪行是一项非常艰巨的任务。首先，日本侵华的范围很广，这部分在押犯曾在各个沦陷区实施过侵略行为。其次，犯罪与审判时间间隔过长。日本战败之后，在撤离中国之前，已经大规模销毁了文件等侵华证据，所以取证更多的是搜集日本战犯侵华的人证和物证，但是因为其犯罪时间过久，同时也不清楚日军的番号等，所以刑侦工作很难展开。

在整个调查工作中，东北工作团本着调查研究、实事求是的精神，坚持重证据的原则。在艰难的刑侦工作中，人民群众的支持和战犯之间互相检举为证据的取得提供了有力的帮助。校级以上战犯在侵华战争中所犯罪行较重，所以被列为重点刑侦对象。校级以下战犯的行为多是其自身的罪行，所以主要发动他们自行坦白、认罪。这对最高人民检察院东北工作团的刑侦工作非常有利。

岛村三郎就是一个战犯之间检举，迫使其坦白罪行，后来又主动供述的例子。岛村三郎在来到战犯管理所初期，曾经非常傲慢，在开座谈会期间，极力为日本帝国主义侵华的事实辩护，要求中国政府早日释放在押日本战犯，并且煽动其他战犯表达反动言论。经过管理所干警通过各种途径的教育之后，岛村三郎的态度有所改变，但仍然拒不认罪。战犯管理所干警为了让岛村三郎这样的顽固战犯全面交代自己的罪行，将原校级和校级以下战犯分开，讲明白中国政府的既定政策，并且明确认罪会得到中国政府的宽大处理，不认罪则只能受到从严处理。当岛村三郎还在高声说“反复让我回忆已经忘却的事情，是不近情理的混账逻辑”时，他的原下属已经在揭发、控诉他曾经所

① 全国政协文史资料委员会编：《改造战犯纪实》，中国文史出版社 2000 年版，第 56 页。

犯的罪行。有的原下属甚至当面说："这也是按你的命令干的，怎么能说忘掉了？"在这样的形势下，岛村三郎才坦白了自己参与杀害我国抗联战士的罪行。后来又主动供述了日本特务机关的一些内幕，给我方的刑侦工作提供了有效的帮助。

二、战犯全部认罪

1956年，第一届全国人大常委会第三十四次会议通过了《关于处理在押日本侵略中国战争中战争犯罪分子的决定》，日本战犯在学习了这一文件之后，反响特别强烈。尤其是文件中有一句："对于次要的或者悔罪表现较好的日本战争犯罪分子，可以宽大处理，免于起诉。"这使一部分悔罪表现好的战犯感动得热泪盈眶。对于文件中"对于罪行严重的日本战争犯罪分子，按照各犯罪分子所犯的罪行和关押期间的表现分别从宽处理"这句话，一部分罪行严重的战犯格外重视。在系统学习了这一文件之后，有一部分改造好的战犯，确实已经悔罪，认为自己确实罪行严重，应该受到惩罚，中国政府怎么处理都不过分。其中，三轮敬一、小山一郎等30多名战犯，均以口头或书面的形式向管理所提出，请求处自己死刑，以赎罪过。

随后，在周恩来总理的指示下，最高人民检察院最后确定对于在押日本战犯不判处一个死刑，不判处一个无期徒刑，少数判处有期徒刑，大多数战犯不予起诉。对于提起诉讼的45名战犯，起诉书上一定写明具体的罪行，且是在调查确凿之后没有疑问的罪行。1956年3月，周总理批示，免于起诉的战犯要分三批释放。被免于起诉的1017名战犯，相对职务较低，罪行相对较轻，且悔罪表现较好。这部分战犯在接到《免予起诉决定书》时，全部痛哭不已，甚至长跪不起，表达对中国人民的忏悔和中国政府的感激。

战犯管理所的干警教育被提起公诉的战犯，只要认真悔罪，即使在法庭上不揭发日本帝国主义的侵华罪行，一样可以得到从宽处理。

1956年6月9日至7月20日，中华人民共和国最高人民法院特别军事法庭在沈阳、太原两地对45名日本战犯进行了审理。在沈阳、太原两地的审判现场，中华人民共和国最高人民检察院首席检察员李甫山及检察员军法上校曹振辉等向中华人民共和国特别军事法庭提起公诉，由审判长贾潜等3位法官对武部六藏等战犯在日本帝国主义侵略我国期间的罪行进行审判。经过系统全面的法庭调查和激烈的法庭辩论，在庭审进入被告人最后陈述阶段时，经过系统改造的战犯均悔过、认罪。这与东京审判形成鲜明对比：东京审判在庭审过程中，日本甲级战犯百般抵赖，企图逃避法律的制裁。以下 5 名战犯认罪态度最为诚恳。

古海忠之，早年在日本东京大学经济系学习，毕业后被日本政府选拔到中国，掌管伪满洲国的财政和经济，曾任伪满洲国国务院总务厅主计处处长、经济部次长、总务厅次长兼企划局局长。古海忠之在来到战犯管理所之初，表现一般。但是他是知识分子，经常到图书馆读书，在了解了形势、进行了理论学习之后，古海忠之的政治立场有了转变，并开始主动交代自己过去在中国所犯下的严重罪行。在庭审过程中，古海忠之对起诉书中的各项罪行全部供认不讳，并且在法庭上四次低头，两次流泪，真心地表示忏悔。在庭审的最后陈述阶段他说："我认为要对自己所犯下的严重罪行必须主动地负起全部的责任来。我通过法庭的审理和辩论，认识了作为'满洲国'最高负责人之一的我的罪行是多么的难以饶恕，日本帝国主义的罪行是多么可憎，此时就更增加了我的这种感觉。我希望后一代的人能以我为戒，不再踏入像我这样错误的罪恶的道路。根据以上的情况，我在中国人民正义的法庭上，请求按照真理的判断，对我这个可憎的难以饶恕的人处以极刑。"① 作为乙级战犯的古海忠之不仅认罚，而且要以处自己死刑的方式来教育后代，这充分说明我国的战犯改造是卓有成效的，确实唤醒了战犯内心的良知。

岛村三郎，在任伪三江省警务厅特务科科长兼地方保安局理事官期间，掌管"思想对策""防谍"等特务情报工作，协助厅长领导全省所属各市、县警察特务，破坏中国共产党和其他抗日救国组织，大肆抓捕、刑讯、残杀我国人民。仅在 1939 年 1 月至 11 月，伪三江省所属各市、县警察特务即抓捕我国抗日救国人员及和平居民 2995 人。其中 14 人被杀害，272 人被送交伪司法机关。② 在庭审最后陈述阶段，岛村三郎说："我越接触到中国人民对

① 王战平：《正义的审判》，人民法院出版社 1991 年版，第 293 页。
② 王战平：《正义的审判》，人民法院出版社 1991 年版，第 340 页。

我的这种人道待遇，我心里越感到痛苦、惭愧、后悔。我确是对中国人民有罪的人，我深深地感受到良心的谴责。”随即跪了下来，继续讲道：“我给中国人民带来严重的灾难，我请求饶恕我吧！并且我请求中国人民给我严厉的处分。”① 日本战犯认罪的态度说明我国改造日本战犯的政策正确，效果明显。

藤田茂，是前日本陆军第五十九师团中将师团长，他的幼年时代，正值日本军国主义鼎盛时期，在中学毕业之后就选择了从军，并成为一名骑兵军官，他曾在中国山东一带实行残酷的“三光”政策，还曾命令士兵用中国活人做试胆训练，使许多中国人死在日本兵的刺刀下。在到管理所之初，藤田茂曾是态度最恶劣的一个，曾对管理所的干部说：“我是帝国主义者，你们是共产主义者，我们之间没有谈话的必要。”在接受改造之后，他的思想发生了巨大的转变，他意识到中国政府不仅是在改造他，也是在给他重新做人的机会。他意识到如果忘记过去的历史，日本今后就没有希望。日本政府和日本人民只有在深刻反省并取得中国政府和中国人民谅解的基础上，才有资格谈中日友好。在接受审判过程中，藤田茂非常配合，在法庭宣判以后，他痛哭着说：“若论我的罪，判几个死刑，也不能赎罪于万一。然而，中国政府和中国人民却表现了如此宽宏博大的胸怀，赐予我重新做人的机会，我一定要认罪服刑，努力做个真正的人。”

佐佐真之助，曾任日本陆军第二二师团第八五联队大佐联队长，第一三军少将参谋长、中将参谋长，第三九师团中将师团长等职。在参加日本帝国主义侵略我国的战争期间，有对中国执行侵略战争，违反国际法准则和人道原则指挥命令所属部队残杀、虐待我国和平居民，强征我国和平居民从事军事性劳役和纵容部下强奸我国妇女的罪行。② 改造之后，佐佐真之助充分认识到了自己的罪行，真诚表示：“当我被从苏联移交给中国的时候，贵国就理当处我以死刑。然而，中国人民却给予我宽大待遇，使我至今仍能活在世上，而且人格受到尊重，健康和生活受到了保障，待遇非常宽厚。不仅如此，

① 王战平：《正义的审判》，人民法院出版社 1991 年版，第 304 页。

② 王战平：《正义的审判》，人民法院出版社 1991 年版，第 500 页。

还给我多方面的帮助，使我觉悟到过去的错误思想和罪恶行为，使我悔改前非重新做人。由于给了我争取光明前途的良好机会，因而我能够认识到什么是人应该走的途径和‘何是何非’，认识到过去的我充满罪恶，认识到只有走上了和平之路和人民之路，才是正义的道路，才是真理，也才能幸福。我决心真诚悔悟，重新做人。”“我诚心地向中国人民认罪，向中国人民谢罪。”[①] 战犯认罪、认罚的态度与之前的改造是密不可分的，这在东京审判及其他地区的战犯审判中从未出现过，说明“先改造后审判”的程序是正确的。

伪满警务总局原简任官今吉均在庭审之后说：“我想我个人或几百名日本战犯之死，也不能安慰千百万的中国被害者。中国政府杀我的头，我也要喊‘日中友好万岁’。”

对日战犯的成功改造，客观上加速了中华人民共和国特别军事法庭的审判进程，在1956年6月9日至7月20日之间，中国最高人民法院特别军事法庭在沈阳和太原两地仅利用4次庭审，就审判了45名战犯，且全部认罪。相对比东京审判2年7个月的审理时长，以及庭审中战犯拒不认罪的态度而言，中华人民共和国对日本战犯的审判无疑是成功的。

当时仅在沈阳中国特别军事法庭审判现场参加旁听的就有1400余人，其中有一部分外国记者。外国记者在庭审之后评述了庭审现场，他们认为，在庄严的法庭上，无论是审判者，还是被审判者，在各自的立场上都不约而同地揭露和控诉日本帝国主义的罪行，这在国际审判史上是罕见的。

三、获释后肩负中日友好使命

审判结束之后，在押日本战犯特别激动，他们没有想到中国政府竟然有如此宽阔的胸怀，法庭竟然没有判处1人死刑，也没有判处1人无期徒刑，最长刑期是20年有期徒刑，而且羁押日期是从被捕之日起计算，如此计算，即使判处20年有期徒刑的战犯，其出监回国的日期也是指日可待了。很多人激动得哭出声来，并且不断地感谢中国政府和中国人民的宽容，感谢中国政

① 王战平：《正义的审判》，人民法院出版社1991年版，第489~490页。

府和中国人民给予他们的人道主义待遇。

在战犯管理所干警组织的战犯回国欢送会上，被免于起诉的战犯情不自禁地高呼："中国万岁！""中日友好万岁！""中国共产党万岁！"……同时，战犯们集体高唱《全世界人民心一条》等歌曲。经过将近10年的改造，曾经的敌对双方思想均已经发生了改变，日本战犯对中国的敌对情绪完全消失，对中国政府和中国人民的友谊和信任倍增。这些曾经的日本战犯在离开中国之前，用各种形式对中国政府和中国人民表达了"用语言难以表达的感谢和感激"之情。第二批归国的日本战犯在离开中国之前，给管理所写了一封感谢信。这封信中回顾了他们过去在中国的那段不光彩的侵华历史，也深切记述了他们在战犯管理所6年的不平凡改造经历，他们在信中说："现在我们将要回到故乡，在幼时住惯了的那块美丽的土地上，与家人们一同去过团圆的日子了；可是，被我们所杀害的中国人，却永远地回不到这一富饶的土地上来，也不能和各位一起谈笑了！想到这件事情，我们的心中充满了惭愧和对不起人的心情，感到无地自容。"同时感谢信中也提道："只有中国人民，才是我们的再生恩人和重生父母。我们要把从各位那里得到的两件宝——新的生命和真理，在后半生中，要为人民，为社会与和平而奋斗！"①

（一）发展中日两国民间交流

被释放的日本战犯在回国之初，中日关系还处于冷冻状态，没有交流，为了争取和平，这些归国的原战犯历尽艰辛成立了"中国归还者联络会"，致力中日友好的交流事业。

这些被释放的日本战犯，回国后以各种方式促进中日友好，宣传中国的新气象，让日本人民了解历史真相，促进中日关系正常化。他们在各个剧场进行公演。以"中国归还者联络会"为中心，他们在东京都千代田剧场进行"归国纪念文化公演"，表演中国歌舞节目，并高唱《草原上升起了不落的太阳》《黄河大合唱》《英雄们战胜了大渡河》等革命歌曲。通过他们的演出，使日本人民看到了中华人民共和国的发展成就。公演结束后，"中国归还者联络会"会员关根德二介绍演出盛况时说："业余公演获得了空前座满。观

① 全国政协文史资料委员会编：《改造战犯纪实》，中国文史出版社2000年版，第63页。

众说：节目健康、明朗，富有中华民族特色。很多青年男女自愿帮助我们穿演出服装和化妆。老年人和富绅们不断给我们送食品。都说这么健康的节目很久未见了。说通过这次演出，了解了中国人民健康、纯洁的气质……有一名记者以为我们就业没着落，一定情绪低沉。不料，我们都精神振奋。小山一郎回答记者说：'我们都对前途满怀希望，绝不会为眼前小事吓倒。若问为什么，不是我们自己，就无法理解。'"[①] 他们以公演的方式展现中国共产党领导下的中华人民共和国的发展状况，以实际的行动回应了各方的质疑。

被释放的藤田茂回到日本后，在日本国内办展览，介绍中华人民共和国建设取得的伟大成就。一些回国的原战犯自愿在中国贸易展览会上做"义务讲解员"，还有的原战犯在日本开书店，专门出售中国图书。这些归国的原战犯利用各种方式宣传中国政府和中国人民对日本战犯实行的人道主义政策，尽其所能地促进两国友好。"中国归还者联络会"还参与寻找中国烈士[②]遗骨，并做了总动员。

"中国归还者联络会"成员以亲身经历为证据，坚决抵制日本文部省修改教科书，篡改历史。他们到日本议会门前游行抗议，揭露日本的侵华罪行。

在1984年10月，"中国归还者联络会"邀请抚顺战犯管理所所长孙明斋到日本访问。在访问期间，这些归国的曾经的战犯及其亲属热情接待了孙明斋同志。其中泩口嘉夫对孙明斋同志说："回忆管理所的生活，想起先生们牺牲了宝贵的青春，为我们花费十年心血的往事，真是无限感激，深觉歉疚，谢谢了！"[③] 这些日本人在回国后，将战犯管理所的工作人员称作他们的"恩师"，把战犯管理所称为"再生之地"。"中国归还者联络会"成员为了向中国人民忏悔自己的罪行，经中国政府批准，集资在抚顺战犯管理所院内修建了"谢罪碑"。碑的正面刻着"向抗日殉难烈士谢罪碑"，背面刻着汉字和日文两种文字，表述了原日本战犯的忏悔和他们对中国宽大政策的无限感激之情。

战犯管理所曾经的战犯，经过改造，思想得到了改变，成为中日交流的

---

① 于雷：《人与鬼：日本战犯关押纪实》，辽宁教育出版社1996年版，第264页。
② 一部分被日军俘获的中国军人，被带到日本做苦役，最后被折磨致死。
③ 全国政协文史资料委员会编：《改造战犯纪实》，中国文史出版社2000年版，第43页。

使者。“中国归还者联络会”为反对侵略战争，维护世界和平，促进中日友好的努力行为，引起了日本社会各界的高度重视。

（二）用文字倡导反战、和平

“中国归还者联络会”多年坚持出版会刊《向前，向前》，成员们以此为载体交流经验、发表悔罪文章，团结和平反战的日本国民。日军前中尉鹈野晋太郎在会刊《向前，向前》上发表的文章《揭露我的罪行，控诉军国主义》、日军前伍长塚越政男发表的文章《我犯下了天人不容的罪行》等都成为揭露日本军国主义罪行的有力武器。

古海忠之归国后，写了《为反对侵略战争争取持久和平劝告日本国民书》一文，以1万多字的篇幅，怒斥了日本政府与美国签订《东南亚集体防务条约》等行为，并且论述了日本4次对外侵略战争给日本人民和被侵略国人民造成的巨大损害。揭露说日本是以天皇制为中心的封建制度和资本主义结合的军国主义国家，同时，忏悔了自己的侵华罪行。古海忠之此后一直致力反战和中日友好事业。

前文所述的岛村三郎由最初的顽固分子被改造成积极的反战人士。在关押期间，岛村三郎响应管理所开展的创作活动，写出了《副县长》《秘密战》两部作品。《副县长》这部作品以他曾经任伪滨江省肇州县副县长时的经历为原型创作，描写了日本帝国主义操纵伪满洲国政权剥削东北人民的罪恶行径。《秘密战》则是以他在伪三江省警务厅任职时所了解的特务工作为原型创作的，其中深刻揭露了日伪军队大规模抓捕中国爱国军民，射杀抗日武装人员的惨况。岛村三郎在经过我国改造之后表现良好，于1959年12月被提前释放回国。岛村三郎归国后，积极参与反对战争，维护世界和平，促进中日友好的事业发展，并以自己的亲身经历写成《从中国归来的战犯》一书，书中详细记述了改造过程中日本原将校级战犯的心灵转化过程。他以写作、演讲等途径，扩大自己的影响，并且得到归国战犯和日本各界进步人士的大力支持，后来曾担任“中国归还者联络会”会长，以及“日中友协”的全国理事，为中日友好和世界和平贡献了自己的力量。

“中国归还者联络会”成员以自身经历，揭露日本帝国主义在“二战”中的侵略罪行，并从在中国关押期间写的《忏悔录》中选出15篇，编辑并出版了回忆录性质的《三光》一书。在书的简介中写道："……兹出版这些手记，是为了暴露我们亲自体验过的战争真相，追求强迫我们如此犯罪的命令者和战争发动者，对今天依然企图东山再起的当权人物及其同党们发出警告……"① 该书的跋语中写着："日本军国主义所掀起的战争，把日本国民自身陷落到人类的最下层，同时给亚洲各国人民，特别是给中国人民带来了惨重的伤害。我们不允许把祖国和青年们再次驱入这种可恨的战争！不允许重演对勤劳人民进行残酷屠杀的犯罪行为。"② 日本著名作家、一生坚持反战的小田实评价这本书说："读这本书太苦。一是因为写得太残酷，不由得背过脸去；二是因为本书就是残酷事实的执行者亲笔写的，并非他人搜集材料而写作……读这本书很苦。但这是日本人不可不读的一本书……"③ 这本书在日本的销量位列日本战后书籍的第二位。即使是受到日本军国主义分子的威胁，"中国归还者联络会"仍旧毫不惧怕。

后来，"中国归还者联络会"成员中日军原尉级以下战犯山中盛之助等人联合出版回忆录性质的悔罪文字《我们在中国干了些什么》，日军前曹长江先光写了《战鬼》《刀枪与木偶》，众多原侵华日军的悔罪文章和书籍的出版，不断揭露日本帝国主义侵华的血腥与罪恶，揭露"日美安全条约"破坏和平的本质。

中国的战犯改造是以人道主义原则为中心展开的，以真情和实际行动改变了这些曾经战争犯罪分子的思想和人生轨迹，并成功地使他们加入到倡议反战、维护和平的队伍中来。

---

① 于雷：《人与鬼：日本战犯关押纪实》，辽宁教育出版社1996年版，第262页。

② 全国政协文史资料委员会编：《改造战犯纪实》，中国文史出版社2000年版，第108页。

③ 于雷：《人与鬼：日本战犯关押纪实》，辽宁教育出版社1996年版，第262页。

第三章

对日本战犯审判是司法理性的实践

从1928年“皇姑屯事件”开始到抗日战争结束，中华民族一直遭受着日本帝国主义的侵略，中国国民饱受侵华日军的蹂躏、践踏。“二战”结束以后，对日本战犯的处罚问题受到整个国际社会的关注，因为这是每一个被侵略国家为自己讨回公道、伸张正义的举措，是人类对国际法的进一步探索，对世界未来的和平有重大意义。

中国作为战胜国，审判日本战犯对于国人来说可谓是人心所向，众望所归。将中华人民共和国对日本战犯的审判进行司法理性分析的目的在于还原历史真相，让国人甚至全世界详细了解当年日本侵华的历史，希望日本能够正视自己所犯下的罪行。

中华人民共和国特别军事法庭对日本战犯的审判发生于1956年，当时国际上对战犯的审判已经结束，其中东京法庭将亚洲太平洋战场中的甲级战犯已经审判完毕。中华人民共和国成立以前，国民政府对当时的乙级战犯及丙级战犯已经进行了审判，但由于受到美国政府的干涉以及国内战争局势的影响，国民政府对战犯的审判并没有有效地完成。中华人民共和国成立以后，沈阳军事法庭分别对武部六藏等28人和铃木启久等8人进行了审判，这些日本战犯在华犯有滔天的罪行，他们有的来自苏联的移交，有的则是在“二战”结束后加入了国民党继续从事反革命工作，中华人民共和国成立后被俘获。日本战犯在国际上被划分了不同的层级，甲级战犯在远东国际军事法庭已经接受了宣判，中华人民共和国所审判的战犯按照罪行应被划分为乙级战犯。

沈阳审判作为东京审判的继续，同时作为中华人民共和国政府对日本战犯的审判，其本身对于中国人来讲有着重大的意义。面对日本人的滔天罪行，作为受侵略最严重的国家，中国对日本战犯的审判可谓是举世瞩目；作为刚成立不久的中华人民共和国，特殊时期的背景使这次正义的审判有着其自身的特点。

全国人大常委会共派出11名审判人员和10名公诉人员参与中华人民共和国对日本战犯的审判。这些庭审的工作人员都是中华人民共和国杰出的司法工作者，有着深厚的法学功底和政治素养，其中很多人曾经参加过抗日战争，一直与日本侵华势力做斗争。与此同时，中华人民共和国政府还为日本战犯提供了辩护人，尽可能地保障日本战犯的合法权益。

中华人民共和国对“二战”时期日本战犯审判的司法理性体现在刑侦的方式、审判的依据、审判的程序等各个方面，对其进行研究的目的是让国人铭记历史，不忘国耻，让侵略者自省。

第一节　对日本战犯审判的时代背景

1945年8月15日日本裕仁天皇宣布投降，同年9月2日日本签署无条件投降协议书。这意味着第二次世界大战在经过全世界正义人士的浴血奋战后结束了。为了使战争分子的滔天罪行得到昭彰，警示世人珍爱和平远离战争，也为了惩戒那些“二战”中的战争狂魔，慰藉无数逝去的英魂，国际上对日本战犯进行了大规模的审判。

一、联合国战争罪行委员会成立

“二战”期间，联合国为了调查法西斯轴心国在战争时期所犯下的罪行，成立了战争罪行委员会。该委员会由伦敦总会和远东太平洋分会两部分构成，伦敦总会成立于1943年10月，远东太平洋分会则于1944年11月在中国成立。该委员会在战犯处罚问题上发挥了不容忽视的作用，为后来远东国际军事法庭对日本甲级战犯的审判以及远东委员会各成员国国内军事法庭对日本乙级、丙级战犯的审判做出了较大贡献。①

英国、美国两国早在1942年就有成立联合国战争罪行委员会之意，并在1942年10月7日将关于成立联合国战争罪行委员会的摘要书通知各反法西斯盟国，此后各盟国对此进行了讨论。1943年盟国进入对日反攻阶段，在此形势下，盟国开始考虑战后审判发动侵略战争的元凶并为审判战犯做准备。1943年10月20日，同盟国代表在伦敦召开会议，准备成立联合国战争罪行委员会。盟国首脑在战犯处理问题上达成共识后，于1943年10月27日，正式成立了联合国战争罪行委员会，该委员会总会设在伦敦。其主要成员国有美国、英国、法国、中国、加拿大、澳大利亚、新西兰、捷克斯洛伐克、丹麦、南斯拉夫、荷兰、挪威、希腊、比利时、印度等。委员会的职责是从事调查战争罪行、收集罪证、提供战犯名单等起诉的准备工作。该会最初由英国担任主席，下设3个小组，即审核证据组、研究执行机构及方法组、一般法律顾问组。关于主席问题，苏联建议由中国、美国、英国、苏联四国轮流担任。但挪威大使提议由英国担任，其建议得到大多数与会国家赞同。该委员会先后通过战犯名单43批，总计召开会议330次。1944年5月16日，盟国调查战争罪行委员会伦敦总会决议通过设立远东及太平洋分会，中国政府担任分会主席。联合国战争罪行委员会的成立为日后审判战犯做了充分准备。

二、国际上对战犯的审判已经结束

1943年10月30日，苏联、美国、英国、中国四国签署了《莫斯科宣言》，其中规定了战后将战犯押往其犯罪地点，并由该受害国进行审判。1945年8月8日，苏联、美国、英国、法国签署了《伦敦条约》，其中的附则《欧洲国际军事法庭宪章》规定成立国际军事法庭。

（一）纽伦堡审判

经过同盟国的筛选，纽伦堡作为德国纳粹战犯的发源地被确定为审判的

① 赵玲燕：《远东委员会与日本战犯处罚问题》，中国社会科学院研究生院2013年博士学位论文，第9页。

地点。《欧洲国际军事法庭宪章》主要规定：

（1）赋予纽伦堡国际军事法庭审判和处罚一切违反和平罪、战争罪和违反人道罪的德国战犯及犯罪组织。

（2）法庭由4名法官及各指派1名助理组成，4个签字国各应任命1名法官和1名助理。

（3）庭审中对于一切事项，应以过半数之投票决定之，并为便利计，按照轮流之原则指定1人为主席。

纽伦堡国际军事法庭对德国纳粹战犯的审判共计216次，除第一次在柏林审判外，其余215次皆在纽伦堡举行。

1945年11月20日，欧洲军事法庭正式开庭审判“二战”欧洲战场的战犯。在这场审判中，被告包括23名德国纳粹的军政首领（由于死亡和病重等原因最终出庭20人）和6个组织（其中包括德国内阁在内），最终12人被判处绞刑，7人被判徒刑，3人无罪；3个组织被判决为犯罪组织。

纽伦堡审判确立了纽伦堡原则，具体规定了哪些行为构成战争罪，是审判的指导性原则。它成为东京审判据以定罪的主要依据，同时为日后相关战争犯罪的界定提供了参照。

（二）东京审判

远东国际军事法庭是由盟军总部设立的，其设立的依据是《波茨坦公告》《日本投降文书》等一系列国际文件。以上的文件中并未对法庭的组成和审判做出具体的规定，这就使盟军统帅麦克阿瑟将军所在的美国起了重要的作用，而纽伦堡原则是由美国、英国、法国、苏联四国共同制定的，这就使美国在东京审判中起到了导向性的作用。

1946年5月3日，远东国际军事法庭正式开庭审理日本战犯。首席检察官基南发表诉讼词，指出各被告为了确立世界霸权，无视国际条约、协定和保证，策划、准备、发动和实施侵略战争的罪行，并对起诉书的内容、结构做了简单介绍，对归罪于被告的一些主要事实的特征以及证据特征进行了一些说明，并对证据和有待证明的问题的引证以及一些重大事件做了综合性评价。国际检察局向远东军事法庭递交了起诉书，其中列举了日本战犯在第二次世界大战中的55条罪状。并将这55条罪状分为三大类：第一类是破坏和平罪，共有36项，主要控告日本对各国策划、准备和发动侵略战争的罪行；第二类是杀人罪，共有15项，主要控告日本企图以发动未经宣战的非法军事行动来杀害各国军人、平民、战俘的罪行；第三类是战争罪和违反人道罪，共有4项，主要控告日本虐待战俘、平民的罪行。1946年6月13日，远东军事法庭进入质证阶段，质证阶段总计387天，法庭共接受检方证据2485件，证人书面证言561件，询问证人109名；被告方证据1527件，证人书面证言214件，讯问被告人310名。

远东国际军事法庭由来自11个国家的法官组成，由于法官们所在的国家所受战争侵略的背景不同，各位法官各持己见，一度在定罪和科刑上发生了意见上的分歧。最终，法庭以法官投票过半数的方式决定了对被告的判决。远东法庭最终决定对起诉书中的55条罪状中的10条进行判决，被判决的战犯共有25名，其中东条英机、土肥原贤二、广田弘毅、木村兵太郎、武藤章、松井石根、板垣征四郎被判处绞刑。

（三）远东和东南亚地区的其他受害国对日本战犯的审判

远东和东南亚地区的其他受害国，也在当地政府的领导下组织了国内军事法庭，对乙级和丙级日本战犯进行了审判。在马尼拉、新加坡、仰光、西贡以及澳洲等地都成立了盟国的国内军事法庭来审理乙级和丙级日本战犯。为了审判乙级和丙级日本战犯，美国第八军设立了军事委员会对该类战犯进行审判，由盟军总部下属的司法部负责起诉工作。美国军事委员会审判了1000多名乙级或丙级日本战犯，其中124人被判绞刑，62人被判无期徒刑，约650人被判几个月到50年不等的有期徒刑，近200人被判无罪或免于审判。在日本投降一个月后，即1945年10月2日，盟军最高统帅麦克阿瑟为了调查乙级、丙级战犯的战争罪行，设立了一个法律局，由美国第八军军法署提供辩护律师，阿尔瓦·卡彭特上校被任命为该法律局局长。法律局调查处的调查员共计审讯了1万多名日本战犯嫌疑人。澳大利亚政府组织的军事法庭对日本战犯的审判在新加坡、婆罗洲、新几内亚、新不列颠、达尔文以及中国香港进行；英国军事法庭对日本战犯的审判主要集中在新加坡、中国香港以及仰光地区；荷兰对日本战犯的审判在爪哇、婆罗洲及荷属东印度群岛（现在的印度尼西亚）地区；菲律宾在马尼拉对日本战犯进行了审判；法国对日本战犯的审判在西贡等地；美国对日本战犯的审判分别在日本横滨和菲律宾马尼拉进行。

到 1949 年 10 月 19 日，约 4200 名日本战犯被判处刑罚，700 多人被处决，大约 2500 人在服刑（最高被判无期徒刑）。数百人因罪行相对较轻微已服刑完毕而被释放。部分受害国国内军事法庭对日本战犯审判的大体情况为：美国占领区军事法庭共计判刑 2678 人，其中执行死刑者 501 人；英国占领区军事法庭共计判刑 818 人，其中 240 人被执行死刑；菲律宾军事法庭判刑 197 人，死刑 80 人；澳大利亚军事法庭判刑 533 人，处决 120 人；苏联判处了 12 名日本细菌战犯有期徒刑。

（四）日本国内对战犯进行了“自我审判”

在日本战败后，日本政府“终战处理会议”及内阁为了帮助战犯逃脱盟国处罚，在远东国际军事法庭成立之前就酝酿了一出自行审判战犯的闹剧。

当中国、英国、美国三国于 1945 年 7 月 26 日发表《波茨坦公告》，敦促日本立即无条件投降时，日本陆军大臣阿南惟几等军部首脑坚持盟国满足下列条件才投降：“①保证日本皇室地位不变；②海外的日本军队自主撤退、复员；③战犯由日本国处理；④盟国不实施保障占领。”① 在战犯审判问题上，日本军部特别提出了由日本自主进行战犯审判的求和条件。1945 年 8 月 22 日，日本设立了“终战处理会议”，由首相、外务大臣、陆军大臣、海军大臣、近卫国务大臣、参谋总长、军令部长组成，负责决定政府有关“终战”的政策。

日本投降后，军部和政府很快就建立起了应对战犯审判的机构。1945 年 9 月 12 日，日本政府“终战处理会议”及内阁紧急研讨自主审判的问题。该会议认为，为了保证战犯审判的公正性，即使反法西斯盟国要进行战犯审判，日本也要先对战犯进行自主审判，并将具体的审判结果通知盟国。其实日本政府决定进行自主审判主要是基于两个方面的考虑：第一个方面是为了证明显示日本的主权及司法权的独立存在；第二个方面是想赶在盟国对本国战犯进行审判之前进行“自主审判”，敷衍盟国，妄想根据“一事不再罚”的原

① 宋志勇：“东京审判与日本的对策”，载《日本学刊》2004 年第 1 期，第 120 页。

则迫使盟国接受日本自主审判的结果。

同年 9 月 13 日，日本外相重光葵正式向盟军参谋长萨布兰特中将转达日本政府对战犯进行调查审判的决定时，萨布兰特明确表示日本不能实施自主战犯审判。东久迩宫内阁的自主审判计划终于落空。然而，尽管日本政府自主审判的计划遭拒，但日本军方从 1945 年 9 月开始设置了“军法会议”，“起诉”和“审判”了一批日本战争犯罪的责任者及虐待俘虏者。在 1945 年 9 月至 1946 年 3 月的 6 个月的时间里，该“军法会议”总计对 8 名战犯进行过审判，并快速做出了判决，罪名主要是滥用职权和杀人罪。最终，“军法会议”做出只有 1 人被判无期徒刑，其余分别被判处了 11 个月到 15 年不等的监禁或有期徒刑的判决结果。

日本的自主审判没有得到盟国的认可。盟军总部于 1946 年 2 月 19 日发布了《关于刑事权行使的备忘录》，该文件中明确表示不承认日本国内的自主审判，日本无权审判对反法西斯盟国犯罪的日本战犯。至此，日本自主审判战犯的这幕闹剧终于谢幕。

三、南京国民政府对日本战犯的审判未能有效地完成

1946 年在远东国际军事法庭审判日本战犯的同时，南京国民政府根据盟军统帅麦克阿瑟将军的声明“丝毫无损为审判战争罪犯而在日本或在某一和日本处于战争状态的联合国家内任何地区所建立或必须建立的任何其他国际法庭、国内法庭、占领区法庭、委员会或别的法庭之管辖权”，成立了以秦得纯为主任委员的战争罪犯处理委员会，并分别在南京、上海、北平、广州、汉口、台北等地设立了军事法庭，准备对“二战”时期侵略中国领土、残害中国百姓的日本战犯进行审判。

经由中国、美国、英国、苏联等 11 国组成的远东委员会决议，将战犯分为甲级、乙级、丙级三级，其中甲级战犯（犯有危害和平、发动侵略战争以及违反国际条约罪行者）由设在东京的远东国际军事法庭审判，乙级（上述罪行直接执行者）和丙级（违反人道罪者）战犯则由直接受害国家的军事法庭审判。

1946 年 2 月 15 日，南京军事法庭成立，直属于国民党国防部，又名国

防部审判战犯军事法庭，石美瑜任庭长，王家楣为主任检察官。陈光虞、李波、高硕仁、徐乃堃、施泳等为检察官；陆起、林建鹏、李元庆、叶在增、张体坤、龙钟煌等为审判官。他们的主要工作是对中国驻日代表团引渡的战犯以及从全国各地法庭移交的日本战犯统一审判。①

“二战”中，中国是受战争影响最大的国家，长达14年的侵略给中国带来严重的损失。中国政府对日本战犯的审判可谓是众望所归，人心所向。经南京国民政府的圈定和广大人民的检举，截至1946年10月下旬，南京国民政府共计逮捕战犯1111名，其中的82名是由南京国民政府列名单逮捕，1029名是人民控诉经军事法庭受理的。根据战争罪犯处理委员会工作报告，截至1946年10月25日，中国战区内对日本战犯经调查、控诉与检举的案件共171152宗，分列战犯名单32批。其中，远东分会通过战犯名单16批，战争罪犯处理委员会审查战犯名单16批，共计战犯3704名，其中包括南京军事法庭审判的南京大屠杀的主犯之一谷寿夫、屠杀中国平民866余人的刽子手田中军吉、在南京进行杀人比赛的向井敏明和野田毅等②。除战犯中因阵亡、病故，或为盟军逮捕，或潜返回日本已改名换姓尚在积极侦查执缉外的，计经逮捕之战犯共1222名，战犯嫌疑人2104名，除盟邦引渡105名战犯嫌疑人中确无罪证者遣送回日本外，业由各审判军事法庭审理之案件，已判决114案，其中酒井隆、田中久一等14名战犯业已执行死刑，其余均已分别处以徒刑。

1946年年底，南京国民政府对日本战犯的调查和逮捕工作已经基本完成，战争罪犯处理委员会在其报告中写道“拘审、感导与执法工作现正积极进行”，“唯战犯中阵亡病故与缺名有姓无法查缉者及潜逸回日（择其罪行重大证据确凿之战犯为原则）尚待与盟军总部洽商引渡外，逮捕工作亦已告竣”。从1946年到1947年，国内军事法庭对各地关押的战犯进行了审理。据统计，全国各地军事法庭受理日本战犯案件共计1523案，除478件尚未结案外，判处死刑110人，无期徒刑41人，有期徒刑167人，判决无罪283人，

① 李东朗：“国民党政府对日本战犯的审判”，载《百年潮》2005年第6期。

② 高建：“新中国审判日本战犯研究”，载《日本侵华史研究》2014年第3期。

裁定不起诉661人，不予受理30人，非战犯遣返日本878人。1948年7月，战争罪犯处理委员会解散。1949年4月，国防部南京军事法庭终止工作。战犯案件全部审理完毕，南京国民政府在此期间共审理战犯案件2200余件，判处死刑145人，判处徒刑400余人，其余无罪遣返①。

我们能够看出，南京国民政府在对日本战犯的审判的态度上无疑是宽大的，这早在1945年8月15日，蒋介石在发表的广播演说中就可以体现。在这次演说中他多次提到“全世界的基督徒更要一致感谢公正而仁慈的上帝”以及“想到基督宝训上所说的‘待人如己’与‘要爱敌人’两句话”。其目的就是引导中国同胞“不念旧恶”及“与人为善”。同时蒋介石提到，要严密责令日本忠实履行所有的投降条款，但并不企图报复日本，更不可对日本的无辜百姓加以污辱。日本人民同样受到军阀愚弄和驱迫，他们应当受到怜悯，希望他们能从错误与罪恶中自拔。“要知道如果以暴行答复敌人从前的暴行，以污辱来答复他们从前错误的优越感，则冤冤相报，永无终止，这种报复绝不是中国仁义之师的目的，中国对日本应该以德报怨。”

南京国民政府指出，处置日本战犯的主要目的是：指出日本军阀穷兵黩武的错误；追究日本军阀对此次战争应负的责任；彰显盟国为正义和平作战的意义；弘扬三民主义的伟大；发扬联合国宪章及民主政治思想；揭穿日本伪造的神权历史。“而授以实在史实，各求不枉不纵，在正义公理与民族情谊兼顾下，建立中日两国及世界永久和平之基础。”②

南京国民政府处理日本战犯的主张有值得肯定和借鉴之处，但在其后的具体实践中，却出于种种考虑，将一些犯有严重罪行的战犯无罪释放，并且南京国民政府的个别官员还与一些日本战犯搞幕后交易，严重破坏了审判的公正性，极大降低了审判的效力，最重要的是没有彻底严惩日本战犯，其放纵的政策和态度为日后日本军国主义阴魂不散埋下了伏笔。

① 齐雪：《新中国政府改造日本战犯研究》，中共中央党校博士论文2016年，第21页。

② 张蓬舟主编：《中日关系五十年大事记1932—1982》（第三卷），文化艺术出版社2006年版，第412页。

第二节　庭审人员的组成

一、战犯的范围

（一）战犯的来源

1945 年 8 月，苏联对日本宣战，击毙日军 83000 多人，俘虏日军近 59.4 万人，并将这些俘虏带到西伯利亚进行监禁和强制劳动。① 这些人中，一部分经过苏联政府的改造认识到自己的罪行，被释放回国；一部分被苏联认为是极端凶恶的日本军国主义分子，十分顽固，是根本不可能被改造的，被继续留在西伯利亚。1949 年 12 月，毛泽东访问苏联，考虑到这批日本战犯曾在中国犯下严重的罪行，苏联政府提出将关押的部分日本战犯移交中国处理。毛泽东表示，由于目前中国接收处理日本战犯的时机尚不成熟，请苏联政府暂为拘押，待 1950 年下半年再行移交，苏联政府表示同意。

1950 年 7 月 19 日，苏联政府将 969 名日本战犯押送至绥芬河，东北人民政府代表中国政府接收了苏方移交的 969 名战犯，被押送的战犯中包括军队、行政、情报三个系统的上至司令官、师团长，下至宪兵、参事员，按照指示将其关押在抚顺战犯管理所。② 党中央还表示这些战犯的罪行比起远东国际军事法庭审判的甲级战犯，要轻一些。对这些战犯，我们虽不需一一审判，但要一一把他们所犯的罪行搞清楚。

关押于抚顺战犯管理所和太原战犯管理所的战犯共计 1062 名。1956 年 4 月，最高人民检察院经过反复慎重的考量研究，决定对罪行严重的 45 名日本战犯提起公诉，并报请中央。不久，中央便做出了处理日本战犯的决定：起诉、审判一些在侵略中国战争中的罪行严重的犯罪分子，从宽释放大批罪行

① 齐雪：《新中国政府改造日本战犯研究》，中共中央党校博士论文 2016 年，第 31 页。
② 齐雪：《新中国政府改造日本战犯研究》，中共中央党校博士论文 2016 年，第 32 页。

较轻的日本战犯。

1956年4月25日，第一届全国人民代表大会常务委员会第三十四次会议通过了《关于处理在押日本侵略中国战争中战争犯罪分子的决定》。中央决定，对提起公诉的45名战犯依据其不同类型，分作四案公诉审判，沈阳特别军事法庭审判其中两案。

（二）战犯的层级

《远东国际军事法庭宪章》第二章将战犯分为三类：

（甲）破坏和平罪，指策划、准备、发动或执行一种经宣战或不经宣战之侵略战争，或违反国际法、条约、协定或保证之战争，或参与上述任何罪行之共同计划或阴谋。

（乙）普通战争犯罪，指违反战争法规或战争惯例之犯罪行为。

（丙）违反人道罪，指战争发生前或战争进行中对任何和平人口之杀害、灭种、奴役、强迫迁徙，以及其他不人道行为，或基于政治上的或种族上的理由而进行旨在实现或有关本法庭管辖范围内任何罪行之迫害行为，不论这种行为是否违反行为地国家的国内法。凡参与上述任何罪行之共同计划或阴谋之领导者、组织者、教唆者与共谋者，对于任何人为实现此种计划而做出之一切行为，均应负责。

根据国际法准则，以及由中国、美国、英国、苏联等11国组成的远东委员会《关于处理日本战犯的决议》规定，对其中犯有危害和平、违反战争法规、违背人道罪行的甲级战犯由设在东京的远东国际军事法庭审判，属于上述罪行直接执行者的乙级、丙级战犯则由直接受害国家的军事法庭审判。从罪行上看，中华人民共和国成立以后所接受的这些日本战犯，无论是由苏联遣送的还是国民政府遗留的及广大人民群众举报的都应该被定义为乙级、丙级战犯（虽然早在1949年之前我国对乙级战犯就审判过了，国际上对乙级、丙级战犯的审判也早已结束，但这些战犯的罪行近似于乙级）。对于在亚太地区犯有破坏和平罪的甲级战犯则由远东国际军事法庭审判完毕。

二、庭审中主要的控审人员

（一）审判日本战犯的主要法官

铃木启久等8名战犯战争犯罪案的审判长——袁光。1956年，中国人民解放军军事法院改名为最高人民法院军事审判庭，同时任命袁光为特别军事法庭副庭长。袁光于1930年加入中国红军，同时，加入中国共产党，土地革命时期曾参加过长征。中华人民共和国成立以后，袁光被授予少将军衔。审判庭由于有老一辈无产阶级革命家袁光的加入更加别具深刻的意义。在调查工作中，每一部分工作的开展都十分困难。当时还有很多参与工作的干部不能原谅日本战犯的罪行，拒绝参加审判工作。袁光上任工作后，克服困难，率领工作人员集中在北京西山卧佛寺看卷宗，起草文书，对日本战争犯罪案件的审判进行前期准备。其后，袁光带领其审判团队赴沈阳，对日军中将师团长铃木启久、中将师团长藤田茂、少将旅团长上坂胜等8名战犯进行审判。这8名战犯中还有曾用毒气毒死我国400多同胞的船木健次郎，七三一部队的支队长榊原秀夫。这些罪孽深重的罪犯面对审判，最后都低头认罪，痛哭流涕，乞求我国人民的宽恕。

武部六藏等28名战犯战争犯罪案的审判长——贾潜。最高人民法院特别军事法庭成立以后，党中央决定任命贾潜为特别军事法庭庭长。贾潜原名贾荣卿，字光尧，河南滑县杨公店人。他出生于1903年5月，1940年2月开始了革命工作生涯。1946年7月，贾潜毕业于北平朝阳大学法律科并加入中国共产党。贾潜的秘书沈关生老人在接受采访时曾回忆说："一开始，贾潜老师深感责任重大，提出另选有法律权威的人担当此任。但周恩来总理对他说：'你是毛主席考虑再三的人选，不好更改。我认为你是受过高等法律教育，又有多年高等法院的工作经验，在我国你就是有法律权威的人，你不主持，让谁主持？'"接受了党中央的任务后，贾潜经过反复斟酌，细心考虑，向全国人民代表大会常务委员会写了一份呈请审判庭人员组成的报告。1956年4月25日，第一届全国人民代表大会常务委员会召开第三十四次会议，正式通过了最高人民法院特别军事法庭庭长、副庭长、审判员名单。庭审人员确定以后，贾潜多次要求参与审判的所有工作人员，不论职位、文凭都必须认认真真地再次学习我国法律和其他国际法律文件，并切实执行。贾潜还规定，在审判工作中必须一丝不苟地熟悉每个被告人起诉书中所列举的犯罪事实、证人证词、被害人和被害人亲属的控诉书以及被告人的供词等具体材料。在贾潜的主持下，中华人民共和国特别军事法庭于1956年7月1日至20日在沈阳对武部六藏等28名侵略我国的日本犯罪分子进行了审判。在庭审之前，被告武部六藏的辩护律师提出，因身体原因被告武部六藏不能坐立，难以到庭受审，特请求法庭同意对武部六藏进行就地审判。本着人道主义的精神，贾潜庭长于第二日即做出裁定："因被告人武部六藏身体有病，到庭困难，申请予以就地讯问，本庭认为申请人的申请有理由，准予就地讯问，特此裁定。"

贾潜庭长、袁光副庭长作为中华人民共和国特别军事法庭对日本战犯审判的重要人物，在审理日本战犯的工作中出色地完成了党和国家交付的任务，并且向全世界展现了中国法官的风采。

（二）审判日本战犯的主要检察官

铃木启久等8名战犯战争犯罪案首席检察员——王之平。王之平，1902年出生于河北满城县的小地主家庭，具有先进积极的思想。1924年加入中国共产党。1925年参加"五卅"运动的后援会，并担任学生代表。毕业后，王之平在清苑县担任教师。在这期间，王之平一方面继续秘密组织进步师生学习马克思主义等进步的书籍；另一方面，在群众中发展党员。在抗日战争中，王之平被任命为晋察冀第三军分区政委。工作中，他认真负责，埋头苦干；生活上，他密切联系群众。他曾先后参加过百团大战以及晋察冀抗日根据地反"扫荡"战役等许多战斗。

中华人民共和国成立后，王之平先后担任察哈尔军区政治部主任、华北军区直属政治部主任等职务。1955年，王之平担任华北军区直属政治部主任时，被授予少将军衔。1957年6月，王之平荣获二级独立自由勋章和一级解放勋章。在担任北京军区军事法院院长期间，王之平参加了对日本战犯的审理工作。作为公诉人，他为审判日本战犯做了大量细琐艰苦的工作，仅铃木启久案就有被害人及家属的控诉书181件，查询笔录89件，证人证词45件，调查报告1件，照片38张。为保证审判符合法律规定、原则和程序，王之平夜以继日核查事实，查找证据，为了审判工作鞠躬尽瘁，最终积劳成疾。王之平的一生充分发扬了坚强的革命精神，表现出了作为一名共产党员的高尚革命情操。

武部六藏等28名战犯战争犯罪案首席检察员——李甫山。李甫山，1911年9月出生于陕西省延长县。1927年2月，年仅16岁的李甫山便参加了革命工作，并加入了中国共产党。土地革命时期，他先后担任过陕甘宁边区庆怀特委常委、晋绥边区公安总局副局长等职。中华人民共和国成立以后，李甫山先后任西安市委委员、甘肃省委委员、省检察署检察长。1953年秋，李甫山调往最高人民检察署工作，就任高检署党组成员并担任办公厅主任。

1953年11月，李甫山随高克林副检察长应召面见周恩来总理，领受了侦讯和审判日本战犯的任务及相关的政策精神。之后，高检署党组会议研究，决定组建“最高人民检察署东北工作团”（以下简称东北工作团）这个专门的机构开展此项工作。东北工作团任命主任1名，副主任2名，以及委员若干名。李甫山担任主任委员。李甫山作为最高人民检察署办公厅主任、侦查审讯日本战犯与伪满汉奸东北工作团主任以及沈阳审判日本战犯首席检察员，可以说案件的每一个过程都参与其中。在案件侦查过程中，面对庞大的工作量，李甫山仍然本着认真负责的态度来完成党和人民交付的工作。从成立东北工作团、制订审讯计划到开展认罪检举运动以及调查取证，每一个环节李甫山都有较深的了解，所以对于首席检察员的位置，李甫山再合适不过了。武部六藏一案是特别军事法庭审判的最后一案，其提起公诉和审判的战犯人数最多，审理的时间最长。该案审理完毕后，由最高人民检察院向最高人民法院特别军事法庭提起公诉的45名日本侵略中国战争中的犯罪分子，经由特别军事法庭分别审判的4案全部结束。

第三节 对日本战犯定罪的依据及其来源

一、审判日本战犯所适用的法律

审判日本战犯，对中华人民共和国来说是一个挑战，因为这是中华人民共和国成立后第一次触及国际法的战争罪问题。当时中国的法律建设尚处于起步阶段，很多法律尚未完善。作为根本法的《中华人民共和国宪法》才公布不久，刑法和刑事诉讼法在当时还未制定，可供参照的只有针对国内罪犯的《中华人民共和国惩治反革命条例》。这样一来，如何对日本战犯起诉以及如何对其量刑成为一个难题。

（一）《国际军事法庭宪章》及国际法准则、人道主义原则

1. 作为《伦敦条约》附则的《欧洲国际军事法庭宪章》

从《凡尔赛条约》开始，国际社会就开始寻求以法律的方式，通过国际法庭来追究个人的战争责任，但直至“二战”结束都未能付诸实践。“二战”后，审判轴心国战犯的政治意愿通过《圣詹姆斯宫宣言》和《莫斯科宣言》在盟国间基本形成。由于《莫斯科宣言》中只规定了对犯罪地国家的管辖，因此有必要订立一项条约对那些无特定犯罪地的轴心国战犯实行依据国际法律的管辖。1945 年为达成此目的即缔结了《伦敦条约》。《欧洲国际军事法庭宪章》作为该条约的附件为国际法庭的建立和后来的审判提供了依据。

《欧洲国际军事法庭宪章》共分为 7 个部分 30 条。其主要内容包括：

（1）苏联、美国、英国、法国四国于 1945 年 8 月 8 日设立国际军事法庭，对欧洲轴心国的战犯进行审判。以上四国各派 1 名法官和 1 名助理法官参加庭审，并且不能由其他人申请回避。庭长在 4 名法官中推选产生并轮流担任。法庭实行多数表决制度，在票数相等的情况下，则由庭长享有决定权。但涉及科刑、定罪的问题则必须由 3 名法官赞成，必要时也可成立其他法庭。

（2）明确定义了破坏和平罪、战争罪、违反人道罪。凡参与以上罪行者均应该为其行为负责，但若被告是遵其政府或上级命令行事，经法庭认定具

有充分根据者，可考虑减刑。法庭可以认定被告所属集团组织为犯罪组织，该组织成员有权申请听取该组织的相关问题，法庭可以核准或者驳回。

（3）由苏联、美国、英国、法国四国各派一名检察官组成委员会。委员会实行多数表决制，出现票数相等情况，提出控告的一方具有决定作用。任命一名主席。会议由四国检察官轮流主持。宪章还规定了该委员会成立的目的以及各检察官的任务。

（4）被告享有公正审判的权利。审判应使用或被译成被告可以理解的语言，可以对人和控告进行申述，可以听取当局传唤的证人的证词，自行或接受律师为自己辩护。

（5）法庭的权利及责任。

（6）规定判决中应包括判决的依据。如果被告在宣判后又被发现有新的材料构成起诉根据时，应向对德管制委员会报告，该委员会受理后，应当采取法庭审判权益相一致的步骤。

（7）法庭以及审理的经费由苏联、美国、英国、法国承担，并且从对德管制委员会提供的经费基金中支付。

《欧洲国际军事法庭宪章》为后来战后一系列的审判提供了依据。

2.《远东国际军事法庭宪章》

1945 年 12 月，美国、英国、苏联在莫斯科召开三国外长会议，该三国外长会议指出盟国驻日最高统帅的任务是：颁发实行投降条款，占领及管制日本的命令及其他补充命令，包括严惩日本战犯在内。1946 年 1 月 19 日，驻日盟军最高统帅麦克阿瑟将军根据盟国最高委员会的决定颁布了特别宣言，宣布设立远东国际军事法庭。

通过参照《欧洲国际军事法庭宪章》的相关规定，《远东国际军事法庭宪章》总共制定了 5 章，具体分为 17 条。第一章是法庭之组织，第二章是管辖权及一般原则，第三章是对被告公正审判之保障，第四章是法庭之权力与诉讼程序，第五章是判决及其执行。该宪章规定了法庭的组织结构、法庭职权以及法庭任务和审判程序等。

作为东京审判的依据，虽然《远东国际军事法庭宪章》的内容参照了《欧洲国际军事法庭宪章》的相关规定，但其本身还是有其他因素融入其中。

比如，《远东国际军事法庭宪章》第二条规定："本法庭应有六人以上十一人以下之法官，由盟军最高统帅就签订日本投降书各签字国所提名之人选及印度与菲律宾之代表中任命之。"《欧洲国际军事法庭宪章》第二条则规定："本法庭应有审判官四人，每一审判官应有一助理人，每一审判官及其助理人由各签字国指派之"。① 可以看出远东国际军事法庭的法官需要经过盟军最高统帅的任命，而欧洲国际军事法庭的法官只需各签字国直接指派，这无疑是强调了盟军最高统帅的权力。再如，关于法庭庭长的任命，《远东国际军事法庭宪章》规定由盟军最高统帅从法官中指派一人为庭长；而《欧洲国际军事法庭宪章》规定由法官们从四人里面推选一人为庭长，而且实行庭长轮流充任之原则。检察官的地位在两个宪章中的规定也不相同。《远东国际军事法庭宪章》把检察官分为两种，一是检察长，二是陪席检察官。检察长是由盟军最高统帅委任的，负责进行及支持对于属于远东国际军事法庭管辖范围内的战争罪犯之控诉，陪席检察官则由与日本处于战争状态的联合国家委派，其职责是协助检察长工作。检察长与陪席检察官的地位是不平等的，主要由检察长负责。《欧洲国际军事法庭宪章》规定所有检察官都是平等的，共同负责战犯的起诉事项。

两个国际军事法庭宪章经对比可以看出，《欧洲国际军事法庭宪章》较《远东国际军事法庭宪章》更民主，各国在地位上更平等。而后者受到盟军最高统帅的影响更大，降低了审判的公正性。

3. 国际法准则和人道主义原则

武部六藏等28名战犯战争犯罪案和铃木启久等8名战犯战争犯罪案两案被告皆违背了国际法准则和人道主义原则，其判决的依据也包括以上二者。作为全世界大多数国家承认的法律渊源，国际法准则和人道主义原则从确立初期到第二次世界大战已被沿用近百年，日本军国主义公然违背世界各国所达成的共识势必受到责罚。

国际法准则是所有的国际行为体在处理相互关系时所应遵循的道德规范和行为准则，它既包括文字的表达形式，也包括各国所达成的默契共识，早

① 王铁崖等编：《战争法文献集》，解放军出版社1986年版，第197页。

在17世纪中叶至19世纪末20世纪初的资本主义阶段，《威斯特伐利亚和约》中确定的原则就包括了尊重国家主权、国家领土完整与国家独立等原则，该合约成为国际法的开端。[①] 1899年在荷兰海牙召开了国际和会，会议通过了《和平解决国际争端公约》。该条约在第一编第一条就规定："为了在各国关系中尽可能防止诉诸武力，各缔约国同意竭尽全力以保证和平解决国际争端。"1928年，在巴黎签署的《巴黎非战公约》中也规定了缔约各国谴责用战争解决国际争端，并废弃以战争作为在其相互关系中实施国家政策的工具；缔约国之间的一切争端或冲突，不论性质和起因如何，只能用和平方法加以解决；任何签字国如用战争手段谋求利益，即不得享受公约给予的益处。以上签署的条约在"二战"时期已经成为比较成熟的国际法准则。日本作为《和平解决国际争端公约》的签约国，以及《巴黎非战公约》的参加国，公然违背条约的规定，无视各国共同达成的协议，将亚太地区爱好和平的国家置入水深火热之中。

人道主义原则最早源自《日内瓦公约》。其规定的主要内容包括：受伤和患病的武装人员或者其他人员在任何情况下都应该受到尊重和保护。冲突的一方要保证在其权力之下的战俘及其他成员受到照顾，享有人道的待遇；不得基于性别、种族、宗教、国籍、政治意见等类似标准而有所歧视。严格禁止对生命的侵害和人身的暴行，尤其不得对人身加以谋杀或消灭、对战俘施以酷刑或提供生物学的实验（第12条）；无论何时即使在每次战斗之后，冲突各方应及时采取一切可能的措施来搜寻并对伤者、病者加以保护，使其免受非人道的虐待，并搜寻死者而防其尸体被侮辱。如果环境许可，应商定停战或局部停火的办法，以便转移和运送战场上遗落的受伤者和病者；军事当局得号召居民以慈善精神，自愿在其指导下，收集与照顾伤者、病者。任何人不得因看护伤者、病者而被侵扰或定罪（第18条）。

在第二次世界大战中日本官兵毫无顾忌地违反以上国际法的规定，对我国百姓进行惨绝人寰的杀戮，这种泯灭人性的做法如果不加以清算，不足以告慰逝去之人的英魂。

---

① 宋新宁、陈岳：《国际政治学概论》，中国人民大学出版社2000年版，第140页。

（二）《关于处理在押日本侵略中国战争中战争犯罪分子的决定》

1956年4月25日，第一届全国人民代表大会常务委员会第三十四次会议通过了《关于处理在押日本侵略中国战争中战争犯罪分子的决定》，同日，中华人民共和国中央人民政府主席毛泽东颁布命令，予以公布。该决定全文如下：

现在在我国关押的日本战争犯罪分子，在日本帝国主义侵略我国的战争期间，公然违背国际法准则和人道原则，对我国人民犯下了各种罪行，使我国人民遭受了极其严重的损害。按照他们所犯的罪行本应该予以严惩，但是，鉴于日本投降后十年来情况的变化和现在的处境，鉴于近年来中日两国人民友好关系的发展，鉴于这些战争犯罪分子在关押期间绝大多数已有不同程度的悔罪表现，因此，决定对于这些战争犯罪分子按照宽大政策分别予以处理。现在将处理在押日本战争犯罪分子的原则和有关事项规定如下：

（一）对于次要的或者悔罪表现较好的日本战争犯罪分子，可以从宽处理，免予起诉。对于罪行严重的日本战争犯罪分子，按照各犯罪分子所犯的罪行和在关押期间的表现分别从宽处刑。在日本投降后又在中国领土内犯有其他罪行的日本战争犯罪分子，对于他们所犯的罪行，合并论处。

（二）对于日本战争犯罪分子的审判，由最高人民法院组织特别军事法庭进行。

（三）特别军事法庭使用的语言和文件，应该用被告人所了解的语言文字进行翻译。

（四）被告人可以自行辩护，或者聘请中华人民共和国司法机关登记的律师为其辩护。特别军事法庭认为有必要的时候，也可以指定辩护人为他辩护。

（五）特别军事法庭的判决是终审判决。

（六）处刑的罪犯在服刑期间如果表现良好，可以提前释放。①

该决定为审判日本战犯指明了方向并提供了法律依据。在审判中，国际军事法庭宪章以及国际法准则、人道主义原则是中华人民共和国特别军事法

① 中共中央文献研究室：《建国以来重要文献选编》（第八册），中央文献出版社1994年版，第202页。

庭对日本战犯定罪和量刑的依据，而《关于处理在押日本侵略中国战争中战争犯罪分子的决定》是审判日本战犯的程序依据。这样可以看出，中华人民共和国特别军事法庭对日本战犯的审判既符合国际法律的规定，又有国内法律可以进行参照。

二、审判中的证据

审判中的全部侦讯、调查工作从1954年4月开始至1955年10月结束。1954年1月周恩来对最高人民检察院表示：要对日本战犯进行侦讯工作，把他们在我国犯下的主要罪行基本查清。遵照周恩来总理的指示，1954年2月，最高人民检察院从全国各地公、检、法部门抽调了近千名具有丰富侦讯经验的干部和精通日语的翻译人员，全部集中到西便门附近的真武庙，学习、集训两个月后，组成侦讯工作团，奔赴抚顺、太原战犯管理所开展工作。此项工作由当时的甘肃省公安厅厅长李甫山负责。① 与此同时东北工作团700余名工作人员对全国范围内数万名幸存者和受害者亲属、知情者进行了调查取证，并查阅了大量已经封存多年的日伪档案以及当时发行的报刊。在开庭前，掌握了大量的第一手资料和有力证据。

审判前期侦讯日本战犯的工作也是极其复杂和艰巨的。经统计，侦讯人数有1500多人，并且普遍具有抵触抗拒等情绪。侦讯对象中大多数持有根深蒂固的军国主义思想，认罪态度十分顽固。工作人员在调查取证中了解到，在押战犯中相当一部分人在伪满洲国担任过重要职务，涉及军、警、法等多个领域，性质十分复杂。经过一年半的努力，东北工作团在1955年10月基本完成了对日本战犯的侦查、取证工作。为能够在法庭上控诉羁押在抚顺战犯管理所的主要战犯们在侵华战争期间所犯下的各种罪行做了充分的准备。

（一）证人证言

审判日本战犯的工作展开以后，由于日军践踏了我国大面积的国土，杀害了我国数以千万计的同胞，工作组收到很多证人的书面证言。武部六藏一

---

① 宋志勇："战犯审判、历史认识、民族和解"，载《史学理论研究》2011年第1期，第5页。

案中，法庭审查了被害人及其亲属的控告书642件，证人书证407件，有48人出庭做证。铃木启久一案，检察人员向法庭递交了受害人的控诉书181件、证人证言45件①。

河北省滦南县潘家戴庄村农民周树恩在法庭上陈述了当年日本部队侵略他家乡和杀害村民的一幕，“日本鬼子杀死我村1280名乡亲父老，其中27户被杀绝，30多家只剩孤儿寡母，30多个婴儿摔死在碌碡上，40多个孕妇被挑死，房屋烧毁千余间”。这是从“千人坑”里爬出来的亲历者将自己所见在法庭上与被告人的对质。而这正是铃木启久所指挥的一一七师“扫荡”的结果。出庭做证的还有62岁的张葡萄老人，她出庭控诉藤田茂部队杀害自己的亲友，庭审中她愤怒地说道：“1939年4月15日（农历二月二十六日），日军藤田茂部队包围了我们村，鬼子家家户户往外赶老百姓，都赶到大门外街头上后，就开始杀人，日军把贾家娃用日军刀砍死，扔到井里，把贾银娃用刺刀豁死后也扔进井里，把贾小磨用刺刀挑开肚子后扔在井里，把贾玉印用刺刀刺死后扔在井里，当时我家7口人，被赶出5口，都被赶到街头上，鬼子把我公公用刺刀刺到脖子上后扔在井里，把我婆婆用刺刀刺到背后扔在井里，把我丈夫用刺刀挑开肚子后扔在井里，当时肠子都流在外边，又从我怀里夺去4岁的小女孩，把她砍死后扔在井里，鬼子又把我带到井边，用脚踢到了井里。”②

末代皇帝溥仪作为战犯的同时也作为该案的人证，他在法庭上说：“今天我站在祖国庄严的法庭上，对日本帝国主义分子战犯武部六藏、古海忠之，奉行侵略政策，操控伪满洲国政权，奴役东北人民的罪行做证。在伪满洲国各部的日本次长、各省的次省长、各县的副县长，都是掌握实权的日本人。由中央到地方形成操纵支配的网。”

（二）书证

中华人民共和国开始着手审判日本战犯时，已经距日本投降9年，日本

① 李东朗：“论新中国对日本战犯的审理”，载《理论学刊》2005年第8期，第4页。

② 周丽霞：《正义审判：在押日本战犯全部审判完毕》，吉林出版集团有限责任公司2010年版，第9页。

在1945年8月15日投降前后有目的、有计划地销毁了大量有关侵华行动及其战争罪行的档案，这给调查组的工作带来严重困难。除了东北是由苏军受降以外，其余各地受降和接收的情况差别很大。一些日本机关尚未来得及全部烧毁其犯罪的罪证，这些档案因此得以作为证据保存下来。曾参与过对日本战犯公诉的辽宁省检察院原副检察长郭春来回忆提到，东北工作团先后分赴全国12个省开展调查取证工作。查阅档案8000余件，提取人证2.67万人次，并将讯问、调查、取证核实的43.14万页材料装订成2918册案卷。“最后屋子里都装不下了，只好在外面搭起帆布帐篷放材料。”中央对侦讯审判日本战犯工作的要求特别严格，“严丝合缝，万无一失”。这些材料共同构成的战犯罪行卷宗，每一个至少有一尺厚。卷宗形成后，破例交给战犯本人看，有问题和疑问可以提出来，无异议就要一页一页签字表示承认[①]。经统计武部六藏一案中，法庭审查了有关档案、书刊等物证315件。铃木启久一案，检察人员向法庭递交了调查笔记89件，调查报告1份，照片38张。

（三）被告人的供词

从2014年7月3日起，中央档案馆将中华人民共和国审判的45名日本战犯的自供原件逐步公开，从这批战犯笔供中，反映了侵华日军犯下的累累罪行，包括策划推行侵略政策、制造细菌武器、施放毒气、进行人体活体实验、屠杀及掠夺资财、毁灭城镇、强征慰安妇、强奸妇女、驱逐和平居民等。从战犯的自供中，我们更清楚地了解到了日本侵略的这段历史。

经过对自供状的研究可看出战犯的认罪态度是比较端正的，对当年自己的罪恶行为也尽力回忆。武部六藏在伪满政府担任要职时曾制定了大量政策，企图覆灭中国。他自供中提到：“满洲的第一次产业开发五年计划制订是在1937年完成的。”“接着第一次计划又制订了第二次开发产业计划。它是在1942年制订的。”古海忠之在自供中写道：“参加数次关东军和政府主持的制订开拓五年计划的会议。参加决定该计划。”“屡次参加关东军和企划处主持的有关10年鸦片政策的会议。参与审议，建议缓和禁烟方案并表决该政策。”“向华中汪政权卖了鸦片10万两。”铃木启久作为陆军步兵中将直接参与了

① 佘力：“审判日本战犯亲历记”，载《源流》2009年第6期，第63页。

侵华战争，1934年6月抗日战争尚未全面爆发，他所领导的部队就在锦州杀害2名中国农民。1935年3月，援助高木大佐“于上板城附近烧掉了两个共有300户的村庄，并杀害很多中国人民”。1940年9月，在安徽宣城的作战中，铃木启久对躲在屋内的约50名抗日军人以毒瓦斯将其全部惨杀。1941年11月，在河北枣庄对八路军进行攻击，并烧毁约有600户的两个村庄，同时屠杀了100余名中国农民。其他战犯也对自己的罪行进行供述。所有战犯都有较好的认罪态度，在定罪和科刑上没有产生任何争议。

特别军事法庭共掌握28000余件控诉书、鉴定书和与本案有关的日伪档案8000余份。① 为了保证量刑的准确性以及确保万无一失，维护法律的神圣，特别军事法庭坚持做到在每一个被起诉的罪行中，都有被害人或蒙难者的家属书面控诉，以及当地居民的证词、当时的日伪档案、书籍、杂志、报纸的记载，同时还包括战犯同僚和部下的检举以及战犯本人供词等大量的相关证据、材料，可以说每一个案件都是铁证如山，能够经得起历史的检验。

三、传统刑罚与“赦”在审判中的体现

赦免是中国古代一项重要的司法制度。所谓赦免就是在皇帝的恩泽下，原本需要服刑的罪犯无须再服刑。赦免制度具有非常悠久的历史，从文献记载看，在传说中的唐虞时代已有赦免之制；到春秋时期赦免制度进一步地发展，汉代正式被确立。在以后的朝代中，赦免制度一直被沿用。但是纵观古今，从赦免制度的发展来看，创立之初的赦免，与后代所谓的赦免，有着很大的差异。现代社会，赦免制度依然存在，在应对日本战犯问题上，我国政府进行了中华人民共和国成立以来为数不多的赦免。

大赦在早期和后期是两个不同的概念。传统意义上的大赦在春秋时期就已有之。管子曰：“民无大过，上毋赦也。上赦小过，则民多重罪，积之所生也。故曰：赦出则民不敬，惠行则过日益，惠加赦于民，而囹圄虽实，杀戮虽繁，奸不胜矣。故曰：邪莫如蚤禁之。赦过遗善，则民不励。有过不赦，

① 王和利、张家安、赵兴文：“特别军事法庭在沈阳审判日本战犯始末”，载《江淮文史》2001年第1期。

有善不遗，励民之道，于此乎用之矣。文有三侑，武无一赦；惠者，多赦者也先易而后难，久而不胜其祸；法者，先难而后易，久而不胜其福。故惠者，民之仇雠也；法者，民之父母也……”[①] 秦统一全国后，大赦范围更加广泛，大赦的理由也空前广泛。据史书记载：“二世皇帝二年冬，陈涉所遣周章等将西至戏，兵数十万，二世大惊，与群臣谋曰：‘奈何?’少府章邯曰：‘盗已至，众疆，今发近县不及矣。郦山徒多，请赦之，授兵以击之。’二世乃大赦天下，使章邯将，击破周章军而走，遂杀章曹阳。”[②] 发展到汉朝，赦免之制最终确立。到这时，可谓是无所不赦。河水清、刻章玺、获珍禽奇兽、始受命、改年号、平叛乱、开境土、遇自然灾害、立皇后或太子、有疾病、郊社天地、行大典礼，都可以行赦免。

由以上可以看出，古代大赦相对来说比较普遍，规定也比较灵活，主要看皇帝是否愿意颁布大赦的诏令。但特赦作为一个严格的法律概念，本质与大赦不尽相同。大赦能赦免一批人的罪和刑，使他们的罪行在法律上归于消灭；特赦只能赦免特定人的刑，不能消灭其罪。也就是说，大赦可以免除刑罚的执行，也可以免除刑事追诉；特赦只可免除刑罚的执行，不可免除刑事追诉。在大赦中会规定赦免的范围和种类，如果符合赦免的规定要件即可被赦免，在大赦令中不用提到需要赦免的人。而特赦令中要具体指明受到特赦的人员名单。我国 1954 年《宪法》中对大赦和特赦进行了规定，但目前我国只实行过特赦尚没有实行大赦。

1956 年 5 月 2 日，党中央确立了处理战犯的基本方针，即对日本战犯，一个不杀，宽大处理；对国内战犯，一个不杀，分批释放。1956 年对日本战犯无特赦之名而具特赦之实的赦免，为正式特赦积累了有益经验。遵照宽大处理的方针，第一届全国人民代表大会常务委员会第三十四次会议通过了《关于处理在押日本侵略中国战争中战争犯罪分子的决定》，随后，最高人民检察院根据该决定于当年分三批释放了免予起诉的日本战犯，共计 1017 人。另外，对剩下罪行严重的 45 名战犯给予从宽处理，对其判处的最高刑罚为有

① 语出《管子·法法》。
② 语出《史记·秦始皇本纪》。

期徒刑20年。被判有期徒刑的这45名战犯后来有的服满刑期，有的获减刑，有的因病释放，直至1964年3月6日，最后的3名日本战犯获释回国。至此，由我国审判的第二次世界大战中的日本战犯已经全部释放完毕。中国政府对日本战犯的宽大处理，符合特赦的构成要件，被学界认为是无特赦之名而具特赦之实的赦免。

第四节　对日本战犯审判的结果及意义

一、日本战犯全部服从判决

沈阳特别军事法庭审理了两个案件，共计36名战犯。在被告人陈述阶段，36名日本战犯全部认罪，并在庭上感谢了中国人民基于人道主义精神所给予的待遇。听到法庭对他们的宣判，战犯们个个泣不成声，一再表示要向全体中国人民谢罪，反复感谢中国政府对他们的改造。

被判处20年有期徒刑的铃木启久，曾担任日本陆军第一一七师团中将师团长，在日本侵华期间，他指挥并纵容部下杀人、放火，实施了多起屠杀中国人民的暴行，并制造了鲁家峪惨案。铃木启久还曾在河北长城沿线进行“治安战”，屠杀了大量中国俘虏和平民，制造了“无人区”，有5000多名中国人民在其指挥、纵容下惨遭屠杀。[①] 鉴于其认错悔罪的态度良好，中华人民共和国特别军事法庭判处铃木启久20年有期徒刑。法庭宣判结束后，他对记者说，中国政府的这种宽大政策才是“中国真正的和平政策”，同时，他表示将会用自己的余生参加和平运动。日军第五十九师团长藤田茂在侵华期间犯下了一系列残暴的战争罪行，在我国政府耐心教育和感化下，他承认了自己所犯下的战争暴行，并有良好的悔罪态度。鉴于此，中华人民共和国特别军事法庭从宽对他判处了18年有期徒刑。面对这个判决结果，他感慨地说

① 宋志勇：“严正不失宽大：中国审判日本战犯的创举”，载《人民法院报》，2015年9月3日。

到："我在中国人民的法庭面前低头认罪。按我的罪行，作为战胜国家，中国政府杀一万个藤田茂也是应该的。过去，万恶的军国主义把我变成吃人的野兽，我的前半生因此犯下了滔天罪行。现在，在中国政府的教育下，我认识了真理，是中国政府给予了我新的生命。今天，我在中国人民和正义的法庭面前宣誓，我会把我的余生都贡献给反战和平事业。"庭审过后，这些曾经杀人不眨眼的战犯不住地向在场的中国人鞠躬，不住地向执勤哨兵表达自己的歉意。

与中华人民共和国军事法庭审判相对比的是东京审判和南京国民政府的审判，那些被审判的日本战犯无不为自己的行为狡辩，想方设法找理由逃避自己应该承担的责任，甚至在法庭上公然破口大骂。可以说中华人民共和国政府对日本战犯的审判在近现代审判史上取得了奇迹般的效果。

1956 年 7 月 20 日，沈阳中华人民共和国特别军事法庭对武部六藏、铃木启久等 36 名日本战犯宣告判决后，最高人民法院特别军事法庭做出决定：对其余 1017 名日本战犯免于起诉，随后，将其分三次释放。判处徒刑战犯的刑期自被捕之日算起，判决中还提到，抚顺战犯管理所关押的日本战犯刑期的计算分两部分，一部分是被苏联政府关押的 5 年，另一部分是被中华人民共和国政府关押的 6 年，总计达 11 年。关押于太原战犯管理所的日本战犯已服刑期则是从战犯的被捕之日起计算，也就是 6 年。至此，在中国共产党的领导下，由中华人民共和国政府领导的，对日本战犯的审判正式结束。1964 年 3 月 6 日，斋藤英夫、城野宏、富永顺太郎 3 名日本战犯被释放回国，中华人民共和国政府对于日本战犯的处理工作全部结束。[①] 当时有一名西方记者在采访了审判过程时感慨万分地写道："这真是世界法律史上的奇迹，堪称国际审判史上罕见的现象。法官与被告、证人与战犯之间，立场绝不相同，但在中国沈阳的庄严法庭上，却能奇迹般地合作，不约而同地揭露和控诉日本帝国主义的种种罪行。这不能不说明战犯有了脱胎换骨的变化，雄辩地证明中华人民共和国的战犯改造工程取得了巨大的胜利。"

---

① 王俊彦：《日本战犯审判秘闻》，中国华侨出版社 1995 年版，第 421 页。

二、中华人民共和国对日本战犯审判的意义

（一）对日本战犯的罪行进行了清算

日本军队在14年的侵华战争期间，其所到之处无不饱受摧残。但由于战争时期实行了新闻统制和封锁，无奈使日本战犯所犯下的滔天罪行都被历史掩盖了起来。通过沈阳军事法庭审判，让日本民族蒙羞的罪行又被揭露出来，日本政府和军部策划、实施侵略战争以及在战争中犯下的大量罪行又在国际社会面前暴露。

1956年6月9日上午8时30分，沈阳特别军事法庭公开审判铃木启久等8名军队系统的日本战争犯罪案。法庭的正面上方悬挂着庄严的中华人民共和国国徽，下面是审判长席位，左右是审判员席位，两侧分别设有书记员、公诉人、辩护人、证人席位。旁听席上，有来自于全国各省、市、自治区的代表，还有各民主党派、社会团体、中央军委军事法院以及中国红十字会等单位的代表，共计1400余人。全国各大报社、电台的记者对全部审理过程和判决结果进行现场采访，并向全世界播发和报道了这一具有重大国际意义的正义审判。

日军所犯下一系列骇人听闻的战争丑行在此时被揭露在大庭广众之下，这使日本国民受到了极大的震撼，他们在此时认清了日本军国主义的本质。这使战后初期的日本对侵略战争进行反思起到了巨大的影响，为拥护和平、民主改革发挥了重要作用。

1860年明治维新以后，日本就走向了对外扩张的道路。1894年日本发动中日甲午战争，霸占我国台湾地区，侵略朝鲜，随后又加入第一次世界大战。1931年之后，日本的侵略行为更加猖獗，先后对中国发动了“九·一八”事变和七七事变，而后进攻东南亚和中国香港地区，展开了长达14年的包括侵华战争在内的“大东亚战争”，被侵略的国家和人民在日本军国主义的铁蹄下遭受了巨大的战争灾难和生命财产的损失。在战争过程中，日本公然违反国际法、无视人类的尊严，实施了一系列惨绝人寰的战争暴行，其所犯下的累累罪行，可谓是罄竹难书。

面对日本军国主义反人类的种种罪行，如果对其置之不理，那么国际公理将不复存在，整个人类文明乃至生存都会受到危害。为挽救人类文明，也为了捍卫世界的和平，日本的战争罪行必须进行彻底的清算。中华人民共和国特别军事法庭在审判中揭露和批判了日本错误的对外侵略国策，对战争犯罪进行清算，使我国3500万亡魂得以昭雪，让那些因为发动侵略战争而双手沾满各国人民鲜血的罪魁祸首受到了惩处。

（二）为以后的军事法庭审判提供了范例

第二次世界大战结束以后，根据《欧洲国际军事法庭宪章》和《远东国际军事法庭宪章》以及两次审判中确立的一系列法律原则，总结出的与之相应的法治经验在其他国家对战犯的审判中都得以运用。由于战后国内环境特殊，蒋介石、阎锡山一心“反共”，把主要精力用在窃夺抗日战争胜利成果，国民政府对日本战犯的审判略有敷衍之意，使当时的审判具有不彻底性，对日本没有发挥本应起到的作用。

中华人民共和国特别军事法庭对日本战犯的审判发生在纽伦堡审判、东京审判、国民政府对日本战犯的系列审判之后，这些审判在确定应用的法律上、对战犯的犯罪行为确认上，以及对战犯的层级的界定上为中华人民共和国特别军事法庭提供了参照。由于中华人民共和国军事法庭审判日本战犯是中华人民共和国成立以来审理的第一件军事案件，所以本案在审理之前没有据以参照的法律。对于刚刚建立不久的中华人民共和国政府来说，沈阳审判规模之大、审理时间之长都是空前的。法庭受理和审查了数以万计的证据，有关证据资料数目之大难以形容，庭审之前和庭审过程中法庭听取了数千名证人的证言，同时经受了语言翻译的考验，审判后，留下了几万言的庭审记录，这些都为以后的军事法庭审判积累了丰富的审判经验。

（三）促进了中日两国的邦交

在对日本战犯的处理过程中道德感化、思想反省和自我教育的精神贯穿于整个过程，集中体现在“惩罪不惩人”的原则方针，具体表现为对日本战犯的人道主义待遇，在生活上不虐待，在人格上不歧视。在此基础之上，教育日本军国主义分子使其认识到自己的罪行，重新做人。一个不杀、一个不判处无期徒刑，充分体现了中国政府和中国人民对日本战犯的宽大政策。

遵照周恩来总理的指示，未被审判的日本战犯于1956年7月24日、7月28日、8月26日分三批由中国红十字会送交日本国红十字会，乘日本“兴安丸”号客轮回国。

回国与亲人团聚以后，日本战犯们将抚顺战犯管理所视为“再生之地”，称中国的管教为“恩师”，他们为中国人民宽宏博大的胸襟所感动，也深深地被折服，因中国政府的宽大处理而深受震动，决心在回国之后，为促进日中友好而尽自己的最大努力。

被释放的日本战犯回国以后，组成了“中国归还者联络会”。以“对以前日本军国主义发动侵略战争的罪恶行径进行反省，促进并推动日中两国人民世世代代友好下去”为宗旨，其目的是促进中日两国交往，为中日两国人民的友好相处做出贡献。曾经参与杀害赵尚志等抗日名将的前日本宪兵少尉东城政雄表示：“1945年日本投降之前，我曾先后任职于新京特别市、长春县及黑龙江省各地，是一名犯下无数罪行的侵华战犯”，“被列入日本战犯名单（收监号码353号）是理所当然的，然而，中国共产党及人民政府对我们实行了极为宽大的政策，我们在抚顺战犯管理所生活了六年，那里始终贯彻着人道主义的‘尊重人权’‘不许打人’‘积极治病’等基本方针，由于管理人员对我们胜似亲人的无微不至的关怀，我们在不同程度上逐步完成了‘由鬼到人’的转变”，“对于我这样理应判死刑的战犯，也免于起诉，释放回国”，“我衷心地向中国人民谢罪……决心把我的余生贡献给反对战争、追求和平的事业”，“为反对侵略战争，为日中两国人民的世世代代友好，为日本真正成为民主主义社会，为日本的进步与改革而奋斗到底”。①

事实上，杀掉1000来个日本战犯并不是做不到，但是杀掉了这1000来名战犯，并不能弥补我国在战争中所受到的损失，也不能让已经逝去的英魂活过来。半个多世纪以来的中日关系证明，中华人民共和国从中日两国的根本利益和两国人民世代友好的大局出发，对日本战犯的改造政策是正确的、

① 孙辉、林晓光：“新中国政府对侵华日本战犯的审判和改造”，载《百年潮》2005年第7期。

成功的、有效的，这一伟大的举措为中日关系正常化打下了坚实的基础。正是由于中华人民共和国政府对日本战犯采取了惩罚与教育相结合、强制劳动与思想改造相结合、批判与自我批判相结合的政策，使那些曾经杀人不眨眼的日本战犯深刻认识到了侵略战争的非人性，清除了他们蔑视人性的军国主义观念。日本学者感慨地说道："战争的加害者把自己的罪行写成笔供，或许这在世界上任何地方都是绝无仅有的。"中华人民共和国政府在审判日本战犯过程中继承和发扬了我国海纳百川、有容乃大的传统文明，有助于中国以五千年源远流长、博大精深的文化底蕴，持开放进取、自信自强的心态，为人类进步做出更大贡献。

（四）提高了中华人民共和国在国际上的地位

1. 结束了中华民族的百年屈辱史

中华人民共和国特别军事法庭对日本战犯的审判在中国历史上具有划时代的意义。不仅因为这是在中国土地上由中国人自己担任审判官，对侵略中国的战争罪犯进行庄严、正义的审判，也是中华民族100多年来第一次独立自主地对侵略者进行的审判。在审判当时，沈阳市官方曾在军事法庭旧址门前悬挂一方牌匾，上写：这是中国人民自1840年鸦片战争以来，第一次在中国土地上不受任何外来干扰，审判外国侵略者。[①] 从1840年鸦片战争开始，在各国列强侵略中国的战争中，都以中国割让土地、出卖权益而告终，仅有1885年中法战争，中国军民取得了胜利，但虽胜亦败，仍然以签订不平等条约、出卖主权而结束。只有抗日战争经过中华民族全民族浴血奋战，换来了反对日本侵略者无条件投降的伟大胜利，在中国共产党领导的中华人民共和国才独立自主地主持了对日本战犯的审判，这不仅在中国近代反侵略斗争史上取得了绝无仅有的圆满结局，而且在国际上显示了中华人民共和国的强大与力量，使中华民族从此告别屈辱的历史，以反侵略战争胜利者的姿态，扬眉吐气地屹立于世界。

2. 让国际社会见证中华民族成功的审判

"二战"结束以后所举行的一系列对日本战犯的审判都或多或少地起到

---

① 高建："新中国审判日本战犯研究"，载《日本侵华史研究》2014年第3卷，第43页。

了一定的效果，但是包括东京审判在内的国际审判，其意义都有一定的局限性。在东京审判中，受审的28名甲级战犯没有一个人低头认罪。日本前首相、发动并策划侵华战争的主要罪魁东条英机在处绞刑前，还曾表示："我的责任是战败的责任，这场战争是'为了生存自卫是不得已'的，作为首相来说，我没干错事，而是正确的。"从某种意义上说东京审判没有发挥应有的作用，其审判效果也具有不彻底性。而由中华人民共和国特别军事法庭审判的45名日本战犯，在审判时全部认罪，之后也没有一个悔罪，相比之下可见一斑。

改造和审判的完美结合是中华人民共和国审判日本战犯最鲜明的一个特征，这是中华人民共和国审判所独有的。中华人民共和国对日本战犯改造的成功，在很大程度上决定了审判和处理的成功。正是改造、法庭侦讯、审判及释放的整个过程，使过去的战争恶魔实现了人性的回归，同时在国际社会上产生了深远的影响。中华人民共和国特别军事法庭审判后，日本及国际上一些权威人士皆对本次审判给予了极高的评价。

三、中华人民共和国对日本战犯审判的遗憾

（一）中国没有得到应有的战争赔偿

第二次世界大战结束之后，依据国际惯例，在每一份战后签订的和约中都有关于战争赔偿的内容。这种关于战争的赔偿，款额往往非常大，如1895年中日甲午战争结束后，战胜的日本国就通过签订《马关条约》以战争赔偿的名义从战败的中国清政府手中掠走两亿两白银。第二次世界大战中，作为世界反法西斯同盟国的中国，在长达14年的抗日战争中，整个民族付出了巨大的牺牲。而那些所受侵害远不及中国的国家不同程度地获得了赔偿，其中缅甸、菲律宾、印度尼西亚所得赔款分别为2亿美元、5.5亿美元和2.23亿美元，甚至连当时尚未统一的越南南方吴庭艳政权也获得了赔款3900万美

元，但我国却没有得到相应的赔款。①

据统计，在1931年9月至1945年8月期间，日本侵略给我国带来的直接损失和间接损失共6000多亿美元，军民伤亡总数达到3500多万人，占整个“二战”时期各国伤亡总人数的1/3以上。但在中华人民共和国刚刚成立之际，在当时特殊的国内背景和国际背景下，考虑到中日两国的长远利益，国家领导人从大局出发，决定放弃战争赔偿。

1952年4月27日，“台湾当局”与日本政府签订了“日华条约”，从此宣告解除战争状态。对此，中华人民共和国政府给予强烈谴责。而此时，中国大陆与战后日本的关系还处于冰冻期。

随着中日民间贸易和文化交流的不断发展，到20世纪60年代前期，中日两国的交往实际上已经进入了半官半民阶段，中日恢复邦交已为期不远。但是恢复邦交，必然要面对战后日本赔偿问题，并需要对此做出决定。面对这一问题，我国领导人表示应当采取向前看的态度。

1972年，在日本首相田中角荣访华之前，他曾做出表示，如果中国政府提出数额适当的赔偿要求，他打算同意赔偿。1972年7月，周恩来总理就放弃战争赔偿问题做了下述指示：第一，中日邦交恢复以前，台湾当局的蒋介石已经先于我们放弃了赔偿要求，共产党的肚量不能比蒋介石还小。第二，日本为了与我国恢复邦交，必须与台湾当局断交；中央关于日本与“台湾当局”的关系，在赔偿问题上采取宽容态度，有利于使日本靠近我们。第三，如果要求日本对华赔偿，其负担最终将落在广大日本人民头上，这样，为了支付对中国的赔偿，他们将长期被迫过着艰难的生活，这不符合中央提出的与日本人民友好下去的愿望。② 从这一指示中可以看出我国政府的态度，体现出了中国共产党博大的襟怀，也反映出了一个泱泱大国的长远目光。

（二）日本拒绝承认侵华的事实

在研究沈阳军事法庭审判时，将日本和德国的情况进行对比，我们会

① 姚会元：“关于日本侵华战争的中方损失调查与日本赔偿”，载《福建论坛》（人文社会科学版）2005年第6期。

② 王先勇：“中国放弃日本战争赔偿要求始末”，载《党史文汇》2002年第7期。

发现日本和德国在面对战犯的悔过问题以及后来法西斯主义的复起势头上具有很大的差别。“二战”后，德国的悔过态度在国际上是有目共睹的，即使存在一些在法西斯主义复起的势头，但与日本相比，德国的情况都要好得多。究其原因还是在于远东国际军事法庭对日本战犯的审判不及欧洲国际军事法庭审判的效果彻底。远东国际军事法庭在审理“二战”时期日本战犯时受到干预，其判决的结果是出于各种利益的考虑而做出的，判决最终判定裕仁天皇无罪，同时保留了日本的天皇制度。判决最终也没有对一些军国主义分子进行处罚，关于日本战犯的很多问题都没有得到彻底地解决。

反观沈阳军事法庭审判，其性质可以说是对东京审判的延续，所以势必会受到东京审判的影响。中华人民共和国审判日本战犯的宽大政策被日本一小部分右翼势力误读为是其不应该承认错误的证据，他们认为天皇被判无罪，那么其他日本军国主义分子也是无罪的。众所周知，日本国内自 20 世纪 80 年代开始就一直有不利于中日友好的小动作发生，篡改教科书，参拜供奉“二战”时期甲级战犯的靖国神社，这一系列的举动给中日关系发展造成了极大的负面影响。近年来一些日本政界人士“大国意识”膨胀，政治右倾加剧，日本政府对华政策的消极面也逐渐凸显，严重伤害了中国和亚洲有关国家人民的感情，背离了中日关系的政治基础，日本对侵华历史的态度是直接影响到现实和未来发展的重大原则问题①。

在当时关于沈阳军事法庭审判的报道比较少，基本是国内媒体，只有少数国际媒体对当时的判决进行了报道。这就使日本侵华的罪行在国际上甚至日本国内没有充分地曝光，很多人对日本侵华这段历史不够了解，甚至不清楚这段中华民族的血泪史。随着时间的流逝，很多日本军国主义的罪行被世人忘却，如南京大屠杀、战时劳工、日军慰安妇、细菌研制与细菌作战等，这些惨无人道的罪行被日本国内右翼势力一再否定，大肆宣扬当年侵华的

① 印进宝：“以史为鉴面向未来——我国政府处理日本侵华问题的方针与启示”，载《求是》2005 年第 18 期。

“正义”性。甚至在铁的历史事实面前，公开声称南京大屠杀是 20 世纪最大的谎言，诬称慰安妇是妇女自愿的商业行为。现如今，在这些最基本的历史事实面前，中日两国之间未能达成基本共识。从 1931 年开始直到抗日战争结束，日本对中国进行了长达 14 年的侵略与奴役，现在，日本国内的一些政要和学者却企图把“侵略”美化为“圣战”，将“侵略亚洲”美化为“解放亚洲”，将“奴役中国”美化为帮助“开发中国”。正是由于对该次审判的报道没有在日本以及全世界产生较大影响，给日本今后模糊战争罪行，留下了借口。

结　语

抗日战争胜利以后，经统计我国沦陷区有26省1500余县市，面积600余万平方公里，人民受战争损害者至少在2亿人以上。自1931年9月18日至战争结束，我军伤亡331万余人，人民伤亡842万余人，其他因逃避战火、流离颠沛、冻饿疾病而死伤者更数不胜数，直接财产损失313亿美元，间接财产损失204亿美元，此数尚不包括我国东北地区、台湾地区、海外华侨所受损失及41.6亿美元的军费损失和1000多万军民的伤亡损害。此外，“七七事变”以前中国的损失未予计算，中国共产党敌后抗日所受损失也不在内，经过中国历史学家多年研究考证、计算得出，在抗日战争中，中国军民伤亡共3500多万人。[①] 这样的战争损失是空前的，也应该是绝后的。

但是面对这样于国于家的血海深仇，为了维护世界的和平，也为了中日两国日后的情谊，更为了让日本国民不要遭受我国国民曾遭受过的失去至亲的苦难，中国政府采取了不同于盟国和其他国际组织的改造和审判日本战犯的方式。在日后的战犯改造中，中国共产党人在没有经验借鉴的情况下，凭借对党对革命事业的无限忠诚与无限热爱，以留住肉体和改造灵魂、变恶敌为长久反战挚友为目的，采取惩罚和人道教化相结合的方式，对战犯开展有理有据有节的斗争，最终创造了让战犯心甘情愿认罪，使“魔鬼”幡然悔悟的奇迹，将死心塌地的军国主义分子改造成了反对战争、热爱和平的新人。

历史证明，没有采用从肉体上消灭日本军国主义分子的做法是正确的，对肉体的惩罚既不能使他们真正认罪服法，也不利于国际社会的和平。中华人民共和国用宽大的政策和得当的方法对日本战犯进行教育和改造，挽救了被军国主义腐蚀的灵魂，换来了中日两国未来的和平。

---

① 参见《中国责令日本赔偿损失之说贴》。

参考文献

一、中文著作

[1] 何勤华，朱淑丽，马贺．纽伦堡审判：对德国法西斯的法律清算［M］．北京：商务印书馆，2015.

[2] 孙家红．伯力城审判：沉默半个世纪的证言［M］．北京：九州出版社，2015.

[3] 梅小璈，梅小侃．梅汝璈东京审判文稿［M］．上海：上海交通大学出版社，2013.

[4] 程兆奇．东京审判研究手册［M］．上海：上海交通大学出版社，2013.

[5] 孟国祥．大劫难：日本侵华对中国文化的破坏［M］．北京：中国社会科学出版社，2005.

[6] 经盛鸿．南京沦陷八年史（一九三七年十二月十三日至一九四五年八月十五日）［M］．北京：社会科学文献出版社，2005.

[7] 韩文宁，冯春龙．日本战犯审判［M］．南京：南京出版社，2005.

[8] 徐桂英，纪敏．改造战犯纪实［M］．北京：中国文史出版社，2000.

[9] 上海市档案馆．日本帝国主义侵略上海罪行史料汇编（上编）［M］．上海：上海人民出版社，1997.

[10] 中央档案馆，等．日汪的清乡［M］．北京：中华书局，1995.

[11] 北京市档案馆．日本侵华罪行实证：河北、平津地区敌人罪行调查档案选辑［M］．北京：人民出版社，1995.

［12］王俊彦．日本战犯审判秘闻［M］．北京：中国华侨出版社，1995.

［13］天津编译中心．日本军国主义侵华人物［M］．北京：中国文史出版社，1994.

［14］黄亚略．奇迹：改造日伪战犯纪实［M］．北京：团结出版社，1993.

［15］刘家常，铁汉．日伪蒋战犯改造纪实［M］．沈阳：春风文艺出版社，1993.

［16］抚顺市政协文史资料委员会．难忘的中国：日本中国归还者联络会历次访华见闻实录［M］．沈阳：辽宁大学出版社，1992.

［17］中央档案馆．东北经济掠夺［M］．北京：中华书局，1991.

［18］王辅．日军侵华战争（1931—1945）［M］．沈阳：辽宁人民出版社，1990.

［19］抚顺市政协文史委员会．震撼世界的奇迹：改造伪满皇帝溥仪暨日本战犯纪实［M］．北京：中国文史出版社，1990.

［20］中央档案馆．东北历次大惨案［M］．北京：中华书局，1989.

［21］梅汝璈．远东国际军事法庭［M］．北京：法律出版社，1988.

［22］金源，等．从战争狂人到朋友：改造日本战犯的成功之路［M］．北京：群众出版社，1986.

［23］远东国际军事法庭判决书［M］．张效林，译．北京：群众出版社，1986.

二、外文著作

［1］［英］雷蒙德·拉蒙－布朗．宪兵：日本可怕的军事警察［M］．蓝文萱，陈建民，译．北京：世界知识出版社，1999.

［2］［日］浅田乔二，等．1937—1945 日本在中国沦陷区的经济掠夺［M］．袁愈俭，译．上海：复旦大学出版社，1997.

［3］［日］中国归还者联络会．三光：日本战犯侵华罪行自述［M］．李亚一，译．北京：世界知识出版社，1990.

［4］［日］中国归还者联络会．我们在中国干了些什么：原日本战犯改造回忆录［M］．吴浩然，李锡弼，译．北京：中国人民公安大学出版社，1989.

［5］［日］《朝日新闻》东京审判记者团．东京审判［M］．吉佳，译．石家庄：河北人民出版社，1988.

［6］［日］岛村三郎．中国归来的战犯［M］．金源，译．北京：群众出版社，1985.

三、期刊论文

［1］杨彦君．七三一部队人员编成考［J］．历史研究，2019（3）：180－188.

［2］曹应旺．毛泽东为什么能写出《论持久战》［J］．党的文献，2019（3）：50－57.

［3］张懿，姜汪维．《论持久战》的逻辑理路及现实启示：纪念《论持久战》发表80周年［J］．北方民族大学学报：哲学社会科学，2019（1）：58－64.

［4］冯莉，肖巍．资本、战争与全球治理：从《共产党宣言》到《帝国主义论》及其他［J］．复旦学报：社会科学版，2018（6）：162－170.

［5］贾淑品，胡飞霞．列宁《帝国主义论》的哲学逻辑及其当代价值［J］．世界社会主义研究，2018（7）：71－76.

［6］巨慧慧．列宁帝国主义论的核心要义［J］．学术交流，2018（4）：189.

［7］陆宽宽．孔子"忠恕"思想新探［J］．理论月刊，2018（2）：54－59.

［8］维之，周桂香，石田隆至．《论持久战》对日本战犯思想改造触动大［J］．党史博览，2018（2）：33.

［9］郑毅．靖国神社·英灵祭祀·国家物语：近代日本战争记忆的生成与固化［J］．吉林大学社会科学学报，2018（1）：144－153.

［10］邹皓丹．东京审判侵略战争责任追究中的制度逻辑：以荒木贞夫

审判为中心．暨南学报：哲学社会科学版［J］，2016（8）：27－40.

［11］朱文奇．东京审判与追究日本军政要人刑事责任［J］．国际法研究，2016（4）：13－27.

［12］赵心．论东京审判对“侵略罪”管辖权的合法性问题：驳“帕尔意见书”的相关论点［J］．理论月刊，2016（4）：89－95.

［13］朱文奇．东京审判：人类的理性与进步：析“胜者的正义”论［J］．法学家，2015（6）：143－155.

［14］张宁静．东京审判对于重光葵的审理［J］．抗日战争研究，2015（4）：73－87.

［15］朱力宇，熊侃．新中国处理日本战犯的成功经验及中国对国际人权事业的重要贡献：过渡司法的视角［J］．中共中央党校学报，2015（5）：49－51.

［16］朱文奇．东京审判与追究侵略之罪责［J］．中国法学，2015（4）：5－24.

［17］刘广建．从《中央日报》看战后日本战犯的审判［J］．日本侵华史研究，2015（1）：56－61.

［18］高建．新中国审判日本战犯研究［J］．日本侵华史研究，2014（3）：41－46.

［19］廖春梅．军法上将陈奇涵与审判45名日本战犯［J］．党史文汇，2014（9）：27－31.

［20］陈弘，章涟漪．中国审判：让日本战犯心服口服［J］．台声，2014（8）：72－77.

［21］严海建．宽大抑或宽纵：战后国民政府对日本战犯处置论析［J］．南京社会科学，2014（7）：142－146.

［22］刘统．国民政府审判日本战犯概述（1945—1949）［J］．民国档案，2014（1）：72－84.

［23］姜登峰．中国古代证据制度的思想基础及特点分析［J］．证据科学，2013（4）：408－419.

［24］经盛鸿．论南京“审判战犯军事法庭”对南京大屠杀案的审判

[J]. 南京社会科学，2013（6）：142－151.

[25] 朱文奇. 中国与北非中东变局中的国际法 [J]. 中国法学，2012（4）：176－190.

[26] 朱晓琦. 新中国的对日公共外交：以解决日本战犯问题为例 [J]. 国际关系学院学报，2012（3）：95－100.

[27] 祖伟. 中国古代“出簿籍相质证”民事证据规则论析 [J]. 社会科学辑刊，2012（3）：86－88.

[28] 祖伟. 中国古代“据众证定罪”证据规则论 [J]. 当代法学，2012（1）：71－75.

[29] 刘立夫，田瑶. 儒家忠恕之道的伦理意蕴与当代价值 [J]. 湖南科技学院学报，2012（1）：65－67.

[30] 张文涛. “二战后东亚与欧洲历史反思与和解进程比较”国际学术研讨会综述 [J]. 世界历史，2011（4）：135－141.

[31] 朱文奇. 北约对利比亚采取军事行动的合法性研究 [J]. 法商研究，2011（4）：104－109.

[32] 祖伟，蒋景坤. 中国古代“据状断之”证据规则论析 [J]. 法制与社会发展，2011（4）：111－122.

[33] 罗国强. 试析人道主义干涉的条件与方式 [J]. 时代法学，2011（3）：86－92.

[34] 金恒薇. 从二战后审判国际战犯中探析新中国政府审判日本战犯的特点 [J]. 中国校外教育：基教版，2011（1）：17.

[35] 王世萍. 对二战战犯审判的法律困惑之解读 [J]. 学理论，2010（14）：142－143.

[36] 赵朗，廖晓晴，张强. 沈阳审判与纽伦堡、东京、南京审判比较研究 [J]. 辽宁大学学报：哲学社会科学版，2009（6）：63－69.

[37] 孙万怀. 国际刑法成长的根基：人道主义诉求 [J]. 中国刑事法杂志，2009（5）：121－126.

[38] 车丕照. 国际秩序的国际法支撑 [J]. 清华法学，2009（1）：6－20.

［39］朱文奇．雇佣军问题对国际人道法的冲击及影响［J］．西安政治学院学报，2008（5）：89－93.

［40］胡昌方．“日本阵亡将兵之墓”与“日本战犯谢罪碑”［J］．文史月刊，2008（5）：27－28.

［41］孔繁芝．山西太原对日本战犯的两次审判（上）［J］．山西档案，2007（6）：49－51.

［42］孔繁芝，张瑞萍．山西太原对日本战犯的两次审判（下）［J］．山西档案，2008（1）：49－52.

［43］徐进．国家何以建构国际规范：一项研究议程［J］．国际论坛，2007（5）：7－79.

［44］朱文奇．反恐战争与国际人道法［J］．华东政法学院学报，2007（1）：126－130.

［45］叶晓欣，草世木．太原战犯管理所改造日本战犯纪实［J］．文史月刊，2007（1）：7－12.

［46］隋淑英．20世纪五十年代中国对日本战犯的审判与释放［J］．烟台大学学报：哲学社会科学版，2006（4）：459－463.

［47］翟新．东京审判后日本的甲级战犯政策［J］．国际政治研究，2006（3）：165－173.

［48］迟德强．人道主义干涉合法性辨析［J］．理论月刊，2006（4）：121－123.

［49］田松．一部全面展现侵华日本战犯改造的力作：《史证——中国教育改造日本战犯实录》评介［J］．社会科学战线，2005（5）：329－330.

［50］印进宝．以史为鉴　面向未来：我国政府处理日本侵华历史问题的方针与启示［J］．求是，2005（18）：16－19.

［51］赵杰．日本战犯在徐州受审［J］．档案与建设，2005（9）：20－22.

［52］宋志勇．论东京审判的几个问题［J］．中共党史研究，2005（5）：25－35.

［53］李东朗．论新中国对日本战犯的审理［J］．理论学刊，2005（8）：4－9.

[54] 李东朗. 国民党政府对日本战犯的审判 [J]. 百年潮, 2005 (6): 27 - 36.

[55] 王虎华. 国际人道法的定义 [J]. 政法论坛: 中国政治大学学报, 2005 (2): 141 - 146.

[56] 林晓光. 中国共产党对侵华日本战犯的审判处理和改造 [J]. 党史研究与教学, 2004 (4): 27 - 33.

[57] 裴德海. 作为人类政治文明成果的人道主义 [J]. 东岳论丛, 2004 (2): 129 - 134.

[58] 朱文奇. 从国际法上驳日本在其遗弃在华化学武器问题上的立场和观点 [J]. 中国地质大学学报: 社会科学版, 2004 (4): 64 - 70.

[59] 姚莉. 司法公正要素分析 [J]. 法学研究, 2003 (5): 3 - 23.

[60] 朱文奇. 何谓"国际人道法" [J]. 武大国际法评论, 2003 (1): 32 - 64.

[61] 朱文奇. 战争罪与武装冲突性质的关系问题 [J]. 西安政治学院学报, 2003 (1): 76 - 82.

[62] 王虎华. "人道主义干涉" 的国际法学批判 [J]. 法制与社会发展, 2002 (3): 16 - 21.

[63] 宋志勇. 战后初期中国的对日政策与战犯审判 [J]. 南开学报: 哲学社会科学版, 2001 (4): 40 - 48.

[64] 王和利, 张家安, 赵兴文. 特别军事法庭在沈阳审判日本战犯始末 [J]. 江淮文史, 2001 (1): 164 - 173.

[65] 赵焕林. 历史事实, 岂容抵赖: 满铁档案中证实的南京大屠杀惨案 [J]. 兰台世界, 2000 (3): 40 - 42.

[66] 张发坤. 不许为日本战犯翻案: 中国国民政府审判日本战犯的前前后后 [J]. 江汉大学学报, 1997 (2): 18 - 23.

[67] 李占恒. 日本战犯改造内幕 [J]. 江淮文史, 1995 (6): 165 - 170.

[68] 刘荣. 野吕荣太郎与日本资本主义发展史的研究 [J]. 外国问题研究, 1987 (3): 37 - 41.

[69] 周辅成. 谈关于人道主义讨论中的问题 [J]. 世界历史, 1984

(2)：8－10.

［70］阎伯纬．历史上的“南满洲铁道株式会社”简述［J］．历史教学，1981（6）：25－28.

［71］［美］任松林．北平军事法庭审判日本战犯往事［J］．世纪，2015（5）：26－30.

［72］［日］伊香俊哉．中国国民政府对日本战犯的处置方针［J］．芦鹏，译．日本侵华史研究，2012（4）：90－103.

［73］［日］大泽武司．周恩来与对日本战犯的处理政策［J］．中共党史研究，2008（5）：67－74.

［74］［瑞士］汉斯－彼特·噶瑟尔，毕小青．在武装冲突中对平民的保护［J］．环球法律评论，2001（2）：220－226.

［75］［美］安东尼·E. 哈特尔．人道主义与战争法［J］．胡发贵，译．世界经济与政治论坛，1987（7）：40－43.

四、报纸

［1］宋微．国际人道主义被西方绑架［N］．环球时报，2019－04－02（14）．

［2］陈小康，陈娅梅．特殊历史背景下的遗憾结局［N］．人民法院报，2015－09－03（T47）．

［3］朱耀堂．日本战犯太原受审记［N］．人民法院报，2015－09－03（T62）．

［4］朱力宇．内疚何以被日本战犯湮没［N］．学习时报，2015－09－03（4）．

［5］徐隽，林海彬．亲历审判日本战犯：昨天的宽大是为了今天的和平［N］．人民日报，2015－09－01（9）．

［6］历史是最好教科书和清醒剂［N］．人民日报海外版，2014－08－02（7）．

［7］徐爱国．日本战犯山下奉文受审记［N］．人民法院报，2014－07－25（5）．

[8] “让罪恶昭然天下　让历史警示世人”［N］. 人民日报海外版，2014-07-25（10）.

五、学位论文

[1] 赵玲燕. 远东委员会与日本战犯处罚问题［D］. 北京：中国社会科学院研究生院，2013.